Galileo MYSTERY

RÄTSEL DER GESCHICHTE

König Artus und der Heilige Gral_Robin Hood_
Fluch der Karibik_Jack the Ripper_Mondlandung

von Matthias Hippel

Eichborn

1 2 3 4 09 08

Umschlaggestaltung: Christina Hucke

Lektorat: Marit Borcherding
Layout: Susanne Reeh
Satz: Fotosatz Reinhard Amann, Aichstetten
Druck und Bindung: Druckerei Uhl, Radolfzell am Bodensee
ISBN 978-3-8218-7301-5

Eichborn Verlag, Kaiserstraße 66, D-60329 Frankfurt am Main
Mehr Informationen zu Büchern und Hörbüchern aus dem Eichborn Verlag finden Sie unter www.eichborn.de

Inhalt

DIE JESUS-VERSCHWÖRUNG

SAKRILEG, HEILIGER GRAL UND DIE LEGENDE VON KÖNIG ARTUS

Galileo MYSTERY

Geheimbünde, Bildercodes, eine welterschütternde religiöse Enthüllung – seit Dan Browns Weltbestseller *Sakrileg* (im Original *The Da Vinci Code*) scheint die Welt der Geschichte, der biblischen Überlieferungen und des Glaubens aus allen Fugen geraten zu sein. Themen wie »War Jesus verheiratet?« oder »Hatte Christus Nachkommen?«, die vor wenigen Hundert Jahren noch genügt hätten, um den Fragenden auf den Scheiterhaufen zu bringen, dominieren heute die Tischgespräche bei Cocktailpartys.

Tatsächlich wissen wir wenig über den historischen Jesus. Auch die Evangelien, die sein Leben und Sterben beschreiben, sind – Jahrzehnte und Jahrhunderte nach seinem Tod verfasst – alles andere als verlässliche Zeitzeugenberichte. Die Geschichte von Jesus Christus ist eine Geschichte, die viel Raum für Spekulationen und Theorien offenlässt. Und sie alle haben eine Behauptung gemeinsam: Entscheidende, geradezu »ketzerische« Details aus dem Leben und Wirken Christi werden den Gläubigen seit zweitausend Jahren vorenthalten. Hinter den Kulissen ehrwürdiger Kathedralen schwelt ein schier ewiger Konflikt zwischen der Amtskirche und im Verborgenen agierenden Geheimbünden, die von Generation zu Generation eine unglaubliche Wahrheit weitergeben.

Ein Name taucht bei fast allen dieser Verschwörungstheorien immer wieder auf: Leonardo da Vinci.

Wer aber war dieses Genie der Renaissance wirklich? Der Großmeister einer geheimen Bruderschaft? Ein Ketzer? Was wissen wir über den historischen »Leonardo aus Vinci«?

Andrea del Verrocchio

Andrea del Verrocchio (um 1435–1488), eigentlich Andra di Michele Cioni, galt als bedeutender Plastiker in der Übergangszeit von der Früh- zur Hochrenaissance und vor allem als inspirierender Lehrmeister. In seiner Werkstatt erhielt nicht nur der junge Leonardo da Vinci eine gute Ausbildung, sondern unter anderem auch die Künstler Perugino und Lorenzo di Credi.

Leonardo da Vinci – Mann und Mythos

Leonardo, geboren am 15. April 1452, galt schon in seiner Kindheit als Außenseiter. Sein Vater Piero war ein erfolgreicher Notar, seine Mutter ein einfaches Bauernmädchen – und Leonardo das uneheliche Kind der beiden. Soweit es sich anhand der erhaltenen Quellen noch rekonstruieren lässt, liebten die beiden ihren Sohn zwar, doch als Frucht einer verbotenen Liebe dürfte der kleine Leonardo es in seiner Umgebung nicht leicht gehabt haben.

Wie die anderen Kinder vom Lande besuchte er eine einfache Dorfschule. Sein späteres Genie schimmerte zunächst noch nicht durch, Leonardos schulische Leistungen sollen eher mäßig gewesen sein. Doch es gab etwas, das schon der junge Leonardo meisterhaft beherrschte: das Zeichnen. Er verbrachte so viel Zeit wie möglich in der Natur, beobachtete den Flug der Vögel, das Kräuseln der Wellen auf den Bächen, den Körperbau von Tieren. Und er hielt seine Beobachtungen in akribischen Zeichnungen fest.

Sein Vater Piero erkannte Leonardos Talent schnell und schickte seinen illegitimen Sprössling nach Florenz, die damalige Metropole der bildenden Kunst.

Zwölf Jahre lang besuchte Leonardo die Werkstatt des seinerzeit berühmten Malers und Bildhauers Andrea del Verrocchio. Dort lernte Leonardo das Handwerk des Künstlers von der Pike auf: vom Mischen der Farben bis hin zur Mathematik, zur Geometrie und Anatomie – die Ausbildung zum Künstler war damals eine Universalausbildung.

Leonardo erwies sich als begnadeter Schüler.

Der Legende nach erhielt er eines Tages den Auftrag, einen Engel in ein Bild einzufügen, das sein Meister begonnen hatte. Als Verrocchio den perfekten Engel sah, soll er in Tränen ausgebrochen

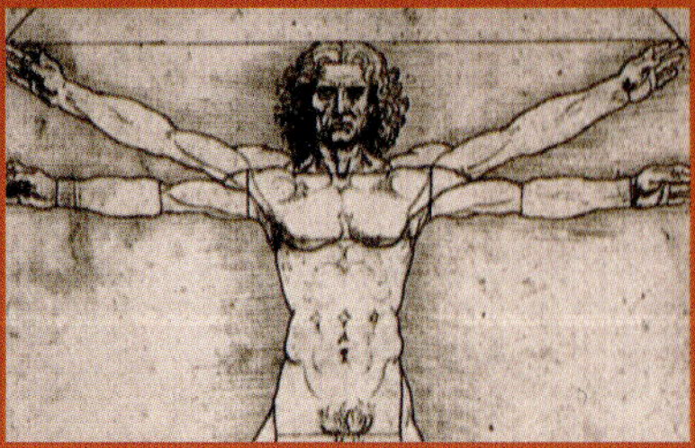

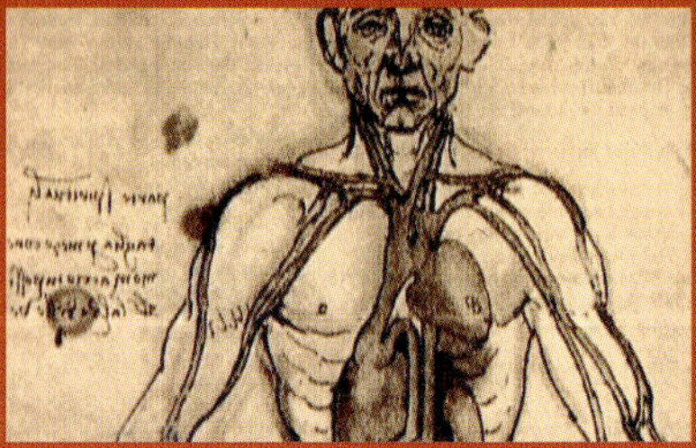

Leonardos Skizzen: Er liebte Maschinen – und wollte wissen, wie die »Maschine Mensch« funktioniert

sein und das Malen für immer aufgegeben haben. Niemals würde er die Perfektion Leonardos erreichen.

Der Schüler war zum Meister geworden.

In den folgenden Jahrzehnten war Leonardos Aufstieg unaufhaltsam, seine Genialität schon zu seinen Lebzeiten legendär.

Heute ist Leonardo da Vinci besonders für seine Gemälde bekannt, doch der geniale Maler war auch träge: Oft beschwerten sich seine Auftraggeber darüber, wie lange der Meister für ein Bild brauchte, viele seiner Malereien vollendete Leonardo nie. Das Anfertigen von Ölgemälden war eine zeitraubende Arbeit, und in Leonardos Kopf spukten schon wieder viel zu viele neue Ideen herum, während die Farbe auf der Leinwand noch quälend langsam trocknete.

Wie besessen arbeitete Leonardo dagegen an seinen Skizzen und Zeichnungen; er konzipierte Staudämme, Kriegsmaschinen, sogar Konstruktionspläne von Fallschirmen, Panzern und Hubschraubern.

Und Leonardos unbändiger Wissensdurst enthielt noch eine geheimnisvolle Seite: Er wollte wissen, wie ein Mensch »funktioniert«, wie ein Herz schlägt und wie sich die Finger bewegen. In seiner Lehrzeit hatte Leonardo gelernt, wie man einen Menschen anatomisch korrekt zeichnet, doch das reichte ihm nicht. Er wollte tiefer in die Körper der Menschen eindringen. Dafür brauchte er eines: Leichen.

Wissenschaftler und Leichenfledderer

Künstler und Wissenschaftler aus Leonardos Zeit, die anatomische Studien durchführen wollten, standen vor einem Problem: Die Kirche verbot das Aufschneiden von Leichen, auch zu Zwecken der Forschung. Denn am Jüngsten Gericht würden die Verstorbenen leibhaftig auferstehen – und sie sollten nicht versehrt und zerstückelt vor ihren Schöpfer treten. Zwar gab es immer wieder die Möglichkeit, die Leichen zum Tode verurteilter Verbrecher zu sezieren (bei diesen nahm es die

Recherche an der Wand der Engel – alles passt zusammen!

Kirche nicht so genau, sie würden ja ohnehin in der Hölle schmoren), aber für Leonardos Zwecke waren das zu wenige Leichname. Besorgte sich Leonardo seinen »Nachschub« selbst und sezierte er ihn heimlich, verborgen vor den Augen der Kirche? Einiges spricht dafür …

Erst vor wenigen Jahren wurde im kleinen Kloster Santa Annunziata bei Florenz eine erstaunliche Entdeckung gemacht. Es begann mit einer weißen Stelle in einer Innenwand des Klosters. Mit etwas Fantasie lässt sich darin der Umriss eines Engels erkennen – und tatsächlich hat Leonardo in seinem Gemälde der *Verkündigung*, das heute ebenfalls in Florenz hängt, einen Engel gemalt, der sich fast haargenau in die Konturen an der Klosterwand einfügen ließe. Hat Leonardo an dieser Wand Studien für den späteren Engel betrieben?

Möglicherweise war das so – und es sind nicht die einzigen Studien, die Leonardo in diesem Kloster betrieben hat. Der italienische Historiker und Leonardo-Experte Roberto Manescalchi untersuchte das Kloster weiter – angeregt durch die Entdeckung des unsichtbaren Engels – und stieß auf eine zugemauerte Tür, die in einen Raum führt, in dem heute ganz unscheinbar ein Computer steht. Doch zu Leonardos Lebzeiten erfüllte diese Kammer wahrscheinlich einen anderen, dunkleren Zweck: Leonardo sezierte hier frische Leichen für seine künstlerischen und wissenschaftlichen Studien. Ausgerechnet in einem Kloster der Kirche. Ein geniales Versteck für die seinerzeit verbotenen Machenschaften, doch sicherlich mit heimlicher Billigung des damaligen Abtes. Über dreißig Leichen hat Leonardo in seinem Leben seziert, einen Großteil davon vielleicht hinter diesen Klostermauern.

War Leonardo da Vinci deshalb schon ein Ketzer?

Natürlich machte er sich nach den damaligen Gesetzen der Leichenfledderei schuldig und wurde auch mehrmals angeklagt. Doch das Sezieren der Leichen war noch kein Angriff gegen die Kirche selbst, die immerhin zu Leonardos wichtigsten Auftraggebern zählte – auch wenn er die Geist-

Offensichtlicher Grabtuchschwindel

Das Tuch, das heute öffentlich gezeigt wird, ist nur eine Kopie des Originals. Das wahre Grabtuch liegt in einem Hightech-Tresor aus Stahl, geschützt durch eine künstliche Atmosphäre aus Argon-Gas, die es vor dem natürlichen Zerfall bewahren soll.

lichen mit seiner Unzuverlässigkeit bei Auftragsarbeiten oft in den Wahnsinn trieb.

Aber es gibt eine weitere Theorie, die sich um Leonardos heimliche Arbeiten dreht – eine Theorie, die so unglaublich klingt, dass sie nicht einmal in Dan Browns *Sakrileg* vorkommt.

Hat Leonardo da Vinci die berühmteste Reliquie des Christentums gefälscht?

Leonardo und das Grabtuch Christi

Das Grabtuch von Turin – Millionen von Gläubigen pilgern noch heute in die norditalienische Stadt, um das Grabtuch zu bewundern, in dem angeblich der Leichnam Christi nach seiner Kreuzigung eingewickelt war. Niemand weiß bis heute wie – aber auf scheinbar wunderbare Weise hat sich der Abdruck des Gemarterten in das grobe Leinentuch eingebrannt. Ein Wunder? Oder nur der Streich eines Genies aus der Renaissance – der Streich von Leonardo da Vinci?

Das Grabtuch von Turin

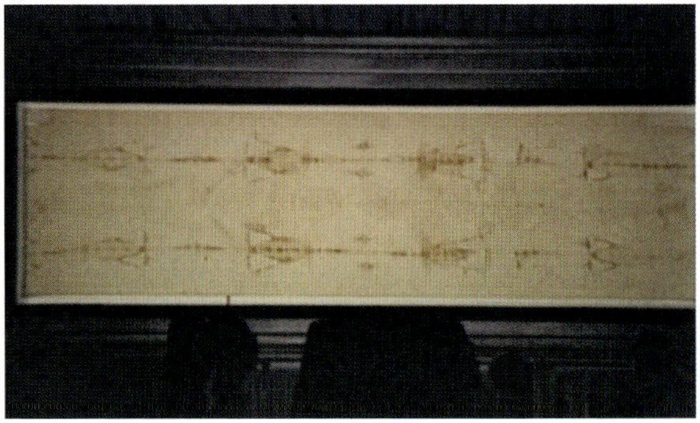

Positiv, negativ – wie ist das möglich?

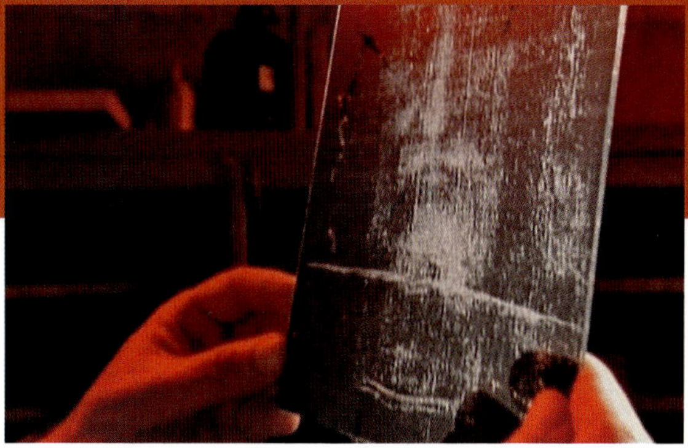

Das Grabtuch hat so manches Abenteuer hinter sich, seine genaue Herkunft verliert sich im Dunkeln der Geschichte. Möglich ist, dass Kreuzritter es aus einem siegreichen Feldzug von Jerusalem nach Europa gebracht haben. Jahrhundertelang war es im wechselnden Besitz von Geistlichen und Königen. Nicht immer war die Echtheit des Grabtuches unumstritten. Schon einmal, im 14. Jahrhundert, kam der Verdacht auf, dass es sich dabei um eine Fälschung handeln könnte. Doch die Kirche befand sich damals im »Großen Abendländischen Schisma« – sie hatte sich im Streit in zwei Teile gespalten: In Rom regierte Papst Urban VI. und im französischen Avignon der Gegenpapst Clemens VII. Das Grabtuch befand sich seinerzeit in Frankreich, und so erklärte Clemens das Tuch kurzerhand für echt – es war ein Propagandamittel im Kampf um die Vorherrschaft der »wahren Kirche«.

Die moderne Erforschung des Grabtuches begann im Jahre 1898, in einer einfachen Dunkelkammer. Der Turiner Anwalt Secondo Pia wurde von König Umberto I. – dem damaligen Besitzer des Tuches – damit beauftragt, ein Foto des Grabtuches anzufertigen. Pia fotografierte das Grabtuch – doch in der Dunkelkammer erwartete ihn eine Überraschung. Jede klassische Kamera macht zunächst ein Negativ des Bildes, das anschließend in einer Dunkelkammer durch einen chemischen Prozess in ein Positiv umgewandelt wird. Doch als Pia das Negativ seines Fotos aus dem Entwicklerbad zog, stellte er verblüfft fest, dass er bereits ein Positiv in den Händen hielt! Das Gesicht des Gemarterten, seine geschundenen Gliedmaßen – all dies trat auf dem Negativ viel deutlicher und klarer zutage als auf dem Grabtuch selbst. Die ebenso überraschende wie logische Schlussfolgerung: Das Grabtuch an sich ist bereits ein Negativ!

Aber wie kommt der Negativ-Abdruck eines Toten auf das Tuch?

Möglicherweise, so eine Theorie, lag der in das Tuch gewickelte, gemarterte Mann in einer Art

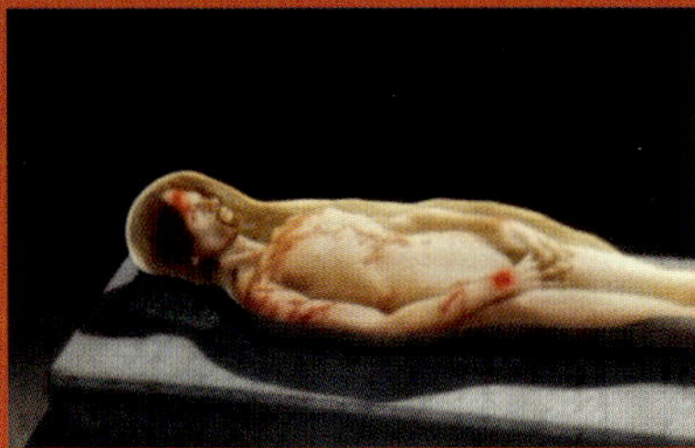 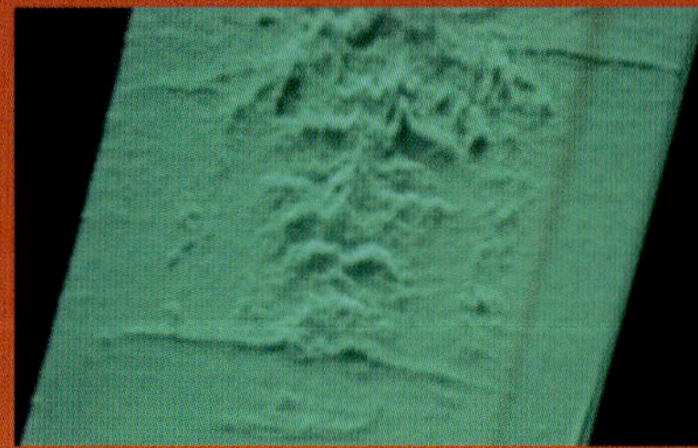 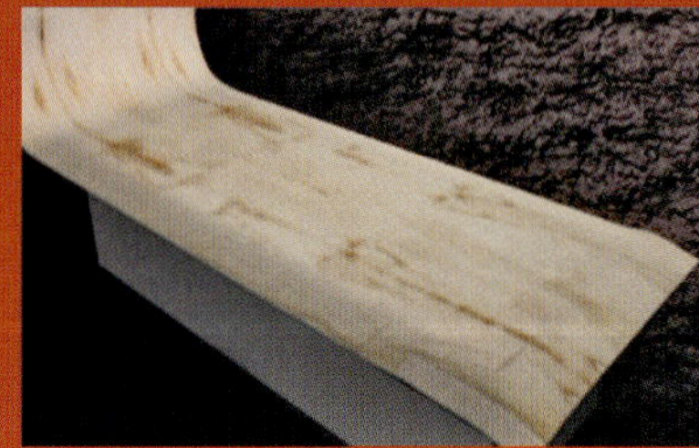

Die moderne Computeranalyse weist nach: Das Abbild ist dreidimensional

Todeskoma; sein Blut und sein Schweiß hinterließen einen Negativ-Abdruck auf der Innenseite des Tuches.

Mit modernen wissenschaftlichen Analysen lässt sich tatsächlich nachweisen, dass der Abdruck auf dem Tuch nicht aufgemalt ist, sondern dass es sich dabei um den Abdruck eines echten, dreidimensionalen Körpers handelt.

Selbst menschliches Blut ließ sich bereits auf dem Leichentuch verifizieren – exakt an den Stellen, an denen die Nägel Hände und Füße eines Gekreuzigten durchbohren, sowie im Bereich des gegeißelten Rückens und der Dornenkrone auf der Stirn. Auch die Pollen einer Distelart wurden in den Fasern des Grabtuches gefunden – einer Distelart, wie sie nur in der Gegend um Jerusalem wächst.

Viele Indizien, die für die Echtheit des Grabtuches von Turin sprechen. Doch ein Beweis sind sie noch nicht. Und schon lange vor Dan Browns *Sakrileg* gab es die bereits erwähnte ungeheuerliche Theorie. Die Theorie von einer Fälschung des Grabtuches. Einer Fälschung – hervorgebracht durch den einzigen Menschen, der zu seiner Zeit dazu in der Lage war: Leonardo da Vinci.

Ein fehlender Finger

Ein Detail des Grabtuches ist verblüffend – der Gestalt, die sich in das Grabtuch eingebrannt hat, fehlt ein Finger. Für die moderne Wissenschaft ist dieser Umstand leicht erklärbar: Die Römer kreuzigten ihre Verurteilten, indem sie ihnen die Nägel durch die Handgelenke bohrten – und nicht in die Handflächen, wie es auf allen kirchlichen Darstellungen der Kreuzigung dargestellt wird. Der jahrhundertelange Irrglauben von der Kreuzigung durch durchbohrte Handflächen und Füße hatte einen einfachen Grund: Die qualvolle Hinrichtung am Kreuz galt bei den Römern als Todesstrafe für Aufrührer, Verbrecher und andere Ausgestoßene der Gesellschaft. Ihre Leichen wurden in der Regel nicht bestattet, sondern in Müllgruben verscharrt, wo ihre Knochen von Hunden gefressen wurden.

Ein ähnlicher Irrtum in der Darstellung des ge-

Der Fußknöchel eines Gekreuzigten

kreuzigten Jesus betrifft die Hände. Schon in den dreißiger Jahren des letzten Jahrhunderts wurde mittels makabrer Experimente an im Labor gekreuzigten Leichen nachgewiesen, dass das volle Körpergewicht eines gekreuzigten Menschen eine viel zu große Zugkraft auf die durchbohrten Handgelenke ausüben würde – die Handflächen würden schlicht zerreißen. Eine grausame Verletzung – die zudem den Sinn der Kreuzigung zunichte machte. Die einzigen, anatomisch machbaren Lösungen: Die Hände des zum Tode Verurteilten werden nicht festgenagelt, sondern am Kreuz mit Stricken festgebunden, oder der Nagel muss durch das stabilere Handgelenk des Todeskandidaten getrieben werden.

Durch das brutale Durchbohren der Muskeln und Sehnen im Handgelenk schnappt der Daumen nach innen. So ist es nur folgerichtig, dass er deshalb keinen Abdruck auf dem Grabtuch hinterlassen hat. Handelt es sich bei dem Grabtuch tatsächlich um eine Fälschung, dann hat ihr Urheber das gewusst – was ein enormes historisches und vor allem anatomisches Wissen voraussetzt. Ein anatomisches Wissen, wie es im Mittelalter nur wenige Menschen besaßen. Vielleicht sogar nur einer: der nun schon mehrmals genannte Leonardo da Vinci.

Erst 1968 hat man bei Jerusalem den bislang ersten und einzigen versteinerten Fußknochen eines zwischen 100 vor und 100 nach Christus gekreuzigten Juden gefunden. Durchbohrt von einem Kreuzigungsnagel – durch die Seite des Fußes. Die Römer benutzten außerdem ein Holzplättchen zwischen Fuß und Nagelkopf, um dem Fuß einen besseren Halt zu geben. Eine ausgefeilte »Handwerkstechnik«, um die Stellung des Gekreuzigten zu stabilisieren.

Auch wenn der Todeskandidat mit Stricken an das Kreuz gebunden war, wurden ihm oft zusätzlich Nägel durch die Handflächen getrieben. Sie sollten die Schmerzen des Sterbenden vergrößern. Die »klassische« christliche Darstellung von Jesus könnte also durchaus stimmen, wenn neben den Nägeln durch die Handflächen auch Stricke um die Handgelenke zu sehen sind.

Der erste Fotograf

Doch wie hätte Leonardo diese ungeheure Fälschung zustande bringen können? Die Umrisse des Gemarterten auf dem Tuch sind nachweislich nicht mit Farbe gemalt; die mit der Untersuchung beauftragten Chemiker fanden hier nur Spuren von Blut. Weitere Analysen haben außerdem ergeben, dass die Umrisse des Gemarterten eindeutig durch eine Projektion auf dem Tuch eingebrannt wurden – man hat die Konturen auf den Stoff projiziert. Wenn das Grabtuch eine Fälschung ist, dann ist es möglicherweise auch die erste »Fotografie« der Menschheit: Mithilfe einer einfachen Lochkamera – einer sogenannten *camera obscura*, wie man sie seit dem 13. Jahrhundert zur Beobachtung der Sonne benutzte – und einem vergrößernden Bergkristall als Linse wäre es einem wahrhaft genialen Menschen des Mittelalters möglich gewesen, eine primitive Kamera herzustellen. Mit ihrer Hilfe hätte man das Abbild eines realen Menschen

Gekreuzigte Leichen und Laborversuche zeigen: Eine Kreuzigung durch die Handfläche ist unmöglich

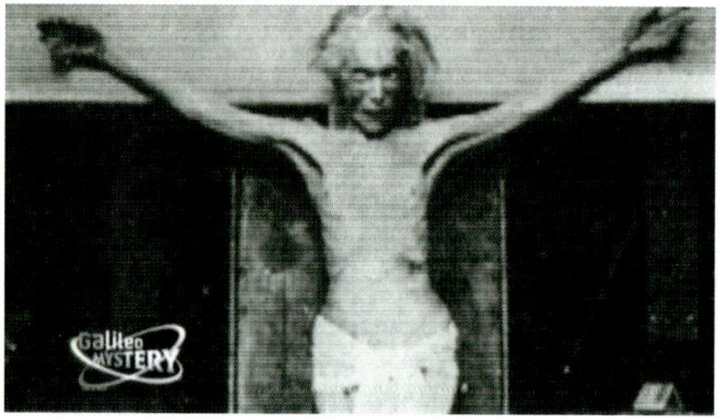

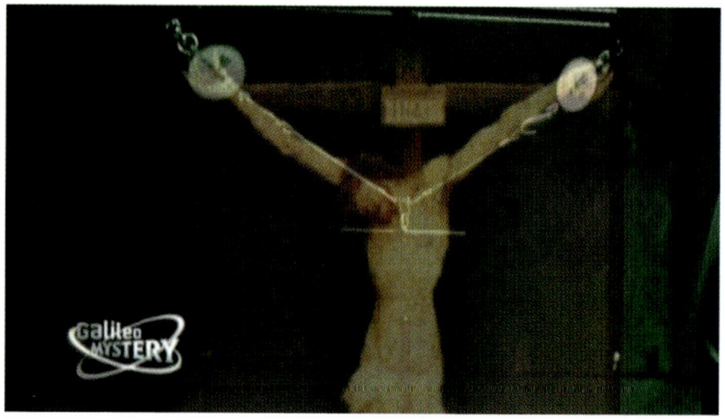

oder einer Statue auf ein Tuch projizieren können, das zuvor mit Silbernitrat getränkt wurde. Dieses Silbernitrat verfärbt sich bei Lichteinwirkung dunkel; auf dem Leinentuch hätte sich auf diese Weise ein »Negativ« der projizierten Gestalt eingeätzt.

Wenn jemand zu solch einer für die damalige Zeit ungeheuer brillanten Fälschung tatsächlich imstande gewesen wäre, dann wiederum Leonardo da Vinci. Möglicherweise hätte er der Kirche diesen Streich auch gerne gespielt – doch ob Leonardo wirklich der eigentliche Urheber des Grabtuches von Turin ist, bleibt pure Spekulation. Aber es gibt noch andere »Meisterwerke«, die ganz sicher von Leonardos Hand stammen und vielleicht noch ein viel ungeheureres Geheimnis verbergen. Ein »Sakrileg« geradezu ...

Silbernitrat, ein Salz der Salpetersäure, wird auch Höllenstein genannt. Man kann die lichtempfindliche Chemikalie vielfältig verwenden; so benutzen Kriminaltechniker eine Silbernitrat-Methanol-Lösung, um Fingerabdrücke sichtbar zu machen.

Die Frau an seiner Seite?

In den Jahren 1495 bis 1497 vollendete Leonardo sein nach der *Mona Lisa* wohl berühmtestes Kunstwerk: die monumentale Darstellung des *Letzten Abendmahls*, das Jesus zum letzten Mal, am Abend des Verrates, im Kreis seiner zwölf Jünger zeigt. Das fast zehn Meter lange Wandgemälde befindet sich im ehemaligen Speisesaal des Mailänder Klosters Santa Maria delle Grazie. Es sollte den dort speisenden Mönchen zur Erbauung dienen – doch glaubt man Dan Brown und anderen historischen

Das letzte Abendmahl – und die Frau an Jesus' Seite?

Spurensuchern, dann ist dieses Bild alles andere als erbaulich. Im Gegenteil: Leonardo, so heißt es, hat in seinem Abendmahl eine ungeheure Wahrheit versteckt. Nicht Jesus und seine zwölf Jünger sind auf dem Gemälde zu sehen, sondern elf Jünger – und eine Frau. *Seine* Frau. Maria Magdalena. Betrachtet man die Figur links von Jesus genauer, so stutzt man tatsächlich. Ein weiches Gesicht, zierlicher Körperbau, langes lockiges Haar – es scheint eindeutig! Neben Jesus sitzt nicht etwa der Apostel Johannes, wie es offiziell heißt, sondern ein weibliches Wesen im zarten Alter!

Nach Dan Brown ist diese Gestalt eindeutig Maria Magdalena, jene gerettete Sünderin, Weggefährtin Christi – und seine Ehefrau. Nicht nur, dass der Heiland verheiratet war, er soll mit Maria Magdalena auch Kinder gezeugt haben.

Nachfahren des Gottessohnes – eine ungeheure Behauptung.

Eine Behauptung, die die Kirche in ihren Grundfesten erschüttern würde. Denn dann wären nicht die Päpste als Nachfolger von Petrus die Stellvertreter Christi auf Erden, sondern jene heute unbekannten Blutsverwandten Christi. Wahrhafte »Gottessöhne«.

Doch hat Leonardo in seinem *Abendmahl* tatsächlich einen geheimen »Da Vinci Code« versteckt? Einige weitere Details des Meisterwerkes geben in der Tat Rätsel auf. Warum legt der Apostel Petrus seine Handfläche an die Kehle der femininen Figur? Und warum hält er in der anderen Hand ein Messer? Will er Maria Magdalena damit die Kehle durchschneiden, um sie daran zu hindern, göttliche Nachkommen in die Welt zu setzen? Will er allein die geistige Nachfolge des Heilands antreten? Immerhin ist bekannt, dass der historische Petrus ein Frauenhasser war.

Oder sieht man hier nur, was man sehen will, angeregt durch die spannende Lektüre eines historischen Thrillers? Tatsächlich wird der Apostel Johannes – die vermeintliche Maria Magdalena – von vielen Künstlern des Mittelalters, der Renaissance und späterer Epochen als zerbrechliche, fast feminine Gestalt dargestellt. Es ist kaum anzunehmen, dass all diese – manchmal mehr, manchmal

Bedroht Petrus die Frau an der Tafel?

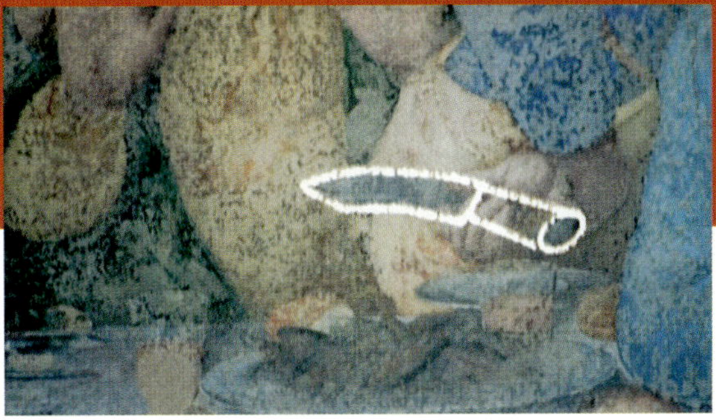

weniger begabten – Künstler dem ausgesuchten Kreis eingeweihter Geheimnisträger angehörten. Johannes war der jüngste der Jünger Jesu, seine Zartheit und Zerbrechlichkeit soll diesem Umstand gerecht werden. Für die Maler des Mittelalters war es schlichtweg üblich, Johannes weibliche Züge zu verleihen.

Und die »Halsabschneider«-Geste von Petrus? Das versteckt geführte Messer in seiner anderen Hand? Eine einfachere und naheliegendere Interpretation für die Geste ist schlicht, dass Petrus seine Hand auf die Schulter von Johannes legt, wie um ihn aufzufordern: »Frag Jesus, wer der Verräter ist!«.

Nur das Messer in Petrus' Hand ist tatsächlich ein waschechter »Da Vinci Code« – oder besser gesagt, eine religiöse Anspielung des Meisters. Der biblischen Geschichte nach wird Petrus bald nach dem letzten Abendmahl zum Messer greifen, um Jesus zu verteidigen. Dabei schneidet er dem Kriegsknecht Malchus ein Ohr ab. Das Messer in Petrus' Hand zeugt also eher von Leonardos Bibelfestigkeit als von seiner Kirchenkritik.

»V« für …?

Die Interpretationen der versteckten »Sakrilege« in Leonardos Meisterwerk sind damit noch nicht erschöpft. Die Betrachtung des *Letzten Abendmahls* lässt Raum für weitere, geradezu ketzerische Codes, die der Großmeister in seinem Gemälde versteckt haben soll. Und das ist durchaus wörtlich zu nehmen: Auffallend ist der große Abstand zwischen Jesus, in der Mitte des Bildes, und dem Apostel Johannes (nach anderer Sichtweise: Maria Magdalena). Die beiden Figuren scheinen sich voneinander weg zu beugen und stellen mit ihren Körpern so die Umrisse eines großen »V« dar. Im *Sakrileg* wird dieses »V« als uraltes Symbol für das Weibliche gedeutet, für die Vagina als sinnbildlichen, fruchtbaren Kelch. Mit ihren Körpern bilden Jesus und Maria Magdalena so einen

Der Da-Vinci-Code?

Hinweis auf die wahre Bedeutung des Gemäldes: den Heiligen Gral, jenen magischen Kelch, in dem der biblischen Legende nach das Blut Christi aufgefangen worden sein soll – er ist in Wirklichkeit kein profaner Gegenstand, sondern der Leib von Maria Magdalena, der in sich die Nachkommen Christi trägt. Maria Magdalena ist zum Zeitpunkt der Verhaftung Christi schwanger – und nach seinem Kreuzestod bringt sie die Nachkommen des Gottessohnes auf die Welt.

Leonardo da Vinci – so die Behauptung – hat diese unglaubliche Wahrheit gekannt, und sie in seinem Gemälde in codierter Form verewigt. Wie zum Hohn in einem Kunstwerk, das vor aller Augen mitten in einem katholischen Kloster prangt! Die heimliche Rache eines Ketzers, der in seinem genialen Leben mehr als einmal mit der Kirche in Konflikt kam, der wegen seiner verbotenen Leichenfledderei mehr als einmal um sein Leben bangen musste.

Doch ist diese These zu halten? Das »V« im *Letzten Abendmahl* ist tatsächlich nicht zu übersehen. Und tatsächlich hat Leonardo in seinem Meisterwerk nichts dem Zufall überlassen. Doch das »V« ist lediglich ein bildgestalterisches Mittel, das der Dramatisierung der Figuren im Raum dient. Es bringt eine gewisse gewollte Unruhe in das Bild, um das Entsetzen der Jünger über den angekündigten Verrat zu verdeutlichen. Das »V« ist nicht das einzige Stilmittel, das Leonardo in dem Gemälde einsetzt, es ist nur eines von vielen. So laufen zum Beispiel alle Fluchtlinien des Bildes auf einen zentralen Punkt hin: auf Jesus Christus, den Mittelpunkt des Gemäldes und des christlichen Glaubens.

Leonardo da Vinci mag in vielen Punkten ein Freigeist und Kritiker der Amtskirche gewesen sein, seine Werke deuten jedoch eher darauf hin, dass er ein kritischer, aber gläubiger Christ war. Zum »Ketzer« wurde er nur dann, wenn die Kirche ihm verbot, das zu tun, was für ihn gottgegeben war: die Regeln der Natur und die Geschöpfe in ihr zu erforschen.

Das Geheimnis des Jesus von Nazareth

Selbst wenn der große Künstler Leonardo da Vinci also nicht an einer Jahrhunderte umspannenden Verschwörung beteiligt war, wie es im *Sakrileg* und in den Werken zahlreicher anderer Autoren behautet wird, heißt das keinesfalls, dass es diese Verschwörung nicht gibt. Die Frage bleibt offen: Existieren Geheimnisse in der biblischen Geschichte, die uns von der Amtskirche verschwiegen werden? Weil die Folgen dieser Geheimnisse die Macht der Kirche aushebeln und die westliche Welt in ihren Grundfesten erschüttern könnten?

Als gesichert kann zumindest gelten, dass das Bild, das die Kirche seit zwanzig Jahrhunderten von Jesus Christus zeichnet, so nicht stimmen kann. Und das im wahrsten Sinne des Wortes.

In fast allen christlichen Darstellungen wird Jesus als hochgewachsener, jugendlich wirkender Mann mit sanften braunen Augen, wallendem Haar und gepflegtem Bart abgebildet. Der Messias im Mittelpunkt von Leonardos Gemälde *Das letzte Abendmahl* bildet da keine Ausnahme.

Doch hat Christus tatsächlich so ausgesehen? Mit Sicherheit können wir das heute nicht mehr beurteilen. Fakt ist aber, dass der Heiland auf den frühsten Darstellungen des Christentums eher von mittelgroßer Gestalt ist, kurzes schwarzes Haar hatte und keinen Bart trug. Ist diese Variante der Darstellung dem historischen Christus näher und der Jesus der modernen Darstellungen nur ein der Zeit angepasstes Ideal?

Eine mögliche Klärung könnte hier das Grabtuch von Turin bringen – wenn es denn tatsächlich echt und keine von Leonardo da Vinci hergestellte Fälschung ist. Natürlich wäre es – wie oben bereits beschrieben – durchaus möglich, dass Leonardo

Linientreu: Alle Fluchtpunkte deuten auf Jesus

eine solche fotografische Fälschung durchgeführt haben könnte. In seinen Aufzeichnungen oder Skizzen findet sich aber kein Hinweis auf die Konstruktion einer wie auch immer gearteten »fotografischen Maschine«. Weil er diese geheim hielt? Oder weil das Grabtuch von Turin möglicherweise doch ein noch viel größeres Geheimnis in sich trug, als selbst der geniale Leonardo es fabrizieren konnte?
Doch auch, wenn niemand bis heute erklären kann, wie das Abbild eines Gemarterten auf das Tuch gelangte – echt könnte es tatsächlich sein.

Zweierlei Maß

1988 versetzte eine wissenschaftliche Datierung des Grabtuch-Alters vielen Gläubigen in aller Welt einen Tiefschlag. Eine Radiokarbon-Analyse des Webstoffes hatte ergeben, dass das Tuch keinesfalls 2000 Jahre auf dem Buckel hatte, sondern sehr viel jüngeren Datums war. Die Messung, bei der der Zerfall natürlicher, radioaktiver Isotope bestimmt wird, die in allen organischen Stoffen vorkommen, deutete auf ein Entstehungsdatum zwischen 1260 und 1390 hin – weit über tausend Jahre nach dem Kreuzestod Christi! War das Grabtuch von Turin nun doch eine Fälschung?
Nicht unbedingt. Für die Untersuchung hat man einen winzigen Stoffpartikel aus dem Randbereich des kostbaren Tuches entnommen. Ein Randbereich, der möglicherweise tatsächlich viel jüngeren Datums ist, als der Rest des Tuches. Bei einem Klosterbrand in der Schlosskapelle von Chambéry fiel das Grabtuch im Jahre 1532 beinahe den Flammen zum Opfer. Seine Rettung ist nur dem Einsatz einiger mutiger Mönche zu verdanken, die das Tuch aus der Feuerhölle retteten. Allerdings war dessen Rand bei der Brandkatastrophe angesengt worden; fleißige Nonnen nähten das Originaltuch daraufhin auf ein neueres Stofftuch, um den Gesamteindruck zu erhalten. Und aus genau diesem – ohne Zweifel jüngerem – Stofftuch des Randbereiches stammt die Probe, die durch die Radiokarbon-Analyse gejagt wurde.
Das eigentlich Interessante des Tuches, der Innenteil mit den Umrissen des Gekreuzigten, wurde einer anderen Methode zur Altersbestimmung

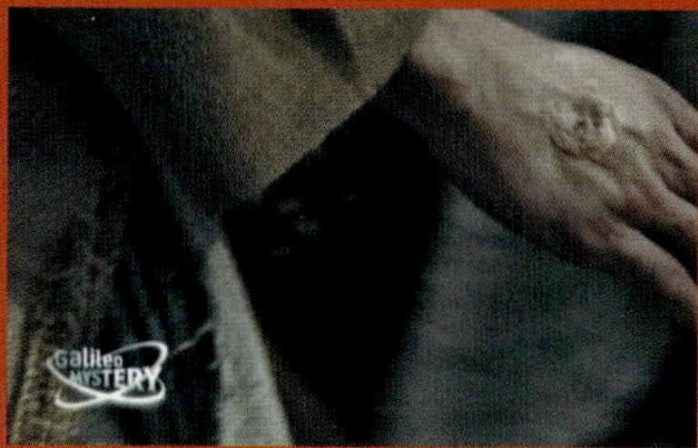

Überlebte Jesus – und flüchtete mit Maria Magdalena, um eine Familie zu gründen?

unterworfen – der sogenannten Vanillin-Methode. Dabei wird der Zerfall von Vanillin-Partikeln gemessen, die in allen antiken Leinenstoffen vorkommen. Die Vanillin-Methode ergab ein mögliches Alter des Tuches von 1300 bis hin zu 300 Jahren! Vom Alter her betrachtet könnte das Grabtuch von Turin also tatsächlich echt, die abgebildete Gestalt also tatsächlich Christus sein.

Doch was, wenn Jesus gar nicht am Kreuz starb, sondern die Kreuzigung überlebte? Eine ungeheuerliche These, die tatsächlich die Grundfesten des christlichen Glaubens erschüttern würde.

Jesus lebt?

Das Leiden, das Sterben und die Auferstehung Christi werden in der Bibel ausführlich beschrieben. Die Heilige Schrift lässt keinen Zweifel am Ablauf der Dinge: Nach dem letzten Abendmahl und dem Verrat durch Judas wird Jesus im Garten Gethsemane verhaftet. Die Hohepriester bringen ihn vor Pontius Pilatus, Statthalter des römischen Kaisers in der Provinz Judäa, der das Volk entscheiden lässt – soll Jesus von Nazareth am Kreuz sterben oder der Verbrecher Barabbas? Das von den Hohepriestern aufgestachelte Volk will Jesus am Kreuz sehen.

Jesus wird gegeißelt und schließlich auf dem Berg Golgatha ans Kreuz genagelt. Ein furchtbarer Tod, meistens ein qualvolles Sterben über Tage hinweg. Einer der Kreuzesbewacher tränkt einen Schwamm in Essig und lässt Jesus davon trinken. Kurz darauf schreit Jesus noch einmal auf – und stirbt.

Der römische Legionär Longinus stößt seinen Speer in die Seite des Gekreuzigten, um sich seines Todes zu vergewissern. Blut und Wasser fließen aus der Wunde, doch Jesus selbst rührt sich nicht. Longinus stellt so den Tod des Gekreuzigten fest und erspart ihm dadurch, was den beiden zusammen mit Christus gekreuzigten Verbrechern angetan wird: Ihre Beine werden zerschmettert, das ganze Gewicht ihres Körpers hängt nun an

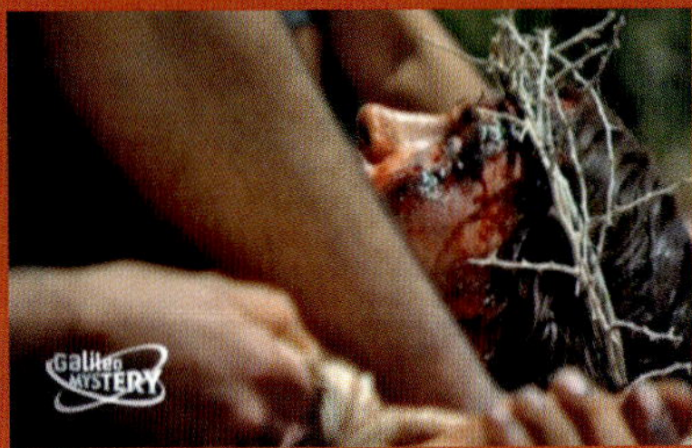

*Kreuzestod und Auferstehung …
wie es die Bibel berichtet …*

ihren Oberkörpern. Ihre Brustkörbe werden durch das eigene Körpergewicht zusammengedrückt; die beiden Verurteilten ersticken qualvoll binnen kurzer Zeit.

Noch am selben Abend händigt man Josef von Arimathäa, einem reichen Kaufmann und Anhänger Jesu, den Leichnam aus. Josef von Arimathäa verfügt, den Leichnam mit Myrrhe und Aloe einzusalben, man wickelt ihn in das Grabtuch (angeblich das spätere Grabtuch von Turin) und schafft ihn in ein Felsengrab, das der Kaufmann eigentlich für sich selbst ausersehen hatte. Josef ließ einen schweren Stein vor das Grab wälzen – doch nach drei Tagen war das Grab leer …

Soweit die biblische Geschichte, aufgeschrieben in den Evangelien. Doch einige Skeptiker, allen voran der Historiker und Bestseller-Autor Michael Baigent, glauben, dies sei nur die halbe Wahrheit.

Ist Jesus in Wirklichkeit nie gestorben?

War seine »Auferstehung« eine ausgefeilte Inszenierung? So lautet Baigents Theorie. Und sie wirft in der Tat einige interessante Fragen auf.

Erstens: Jesus' Lippen werden mit dem Essigschwamm benetzt – kurz darauf stirbt er mit

»Da lief einer und füllte einen Schwamm mit Essig und steckte ihn auf ein Rohr und tränkte ihn«, heißt es im Evangelium des Markus. Einem sterbenden Mann Essig zu trinken zu geben, klingt für uns wie eine grausame, unmenschliche Verhöhnung. Doch dahinter steckt in Wirklichkeit eine gut gemeinte Geste: Die Römer genossen Essig zur Erfrischung und zu medizinischen Zwecken. Jeder Legionär hatte im Einsatz ein kleines Essigfläschchen für den Notfall dabei.

Das »Suppedaneum« – ein Holzplättchen verlängert das Leiden

einem letzten Aufschrei. Ein Widerspruch, denn verdünnter Essig wurde, wie oben bereits erwähnt, zu Jesus' Zeit zum Heilen und Erfrischen benutzt. Warum sollte Jesus unmittelbar nach dieser eigentlich barmherzigen Geste sterben? Ein Zufall? Oder war der Schwamm gar nicht mit Essig getränkt, sondern mit einer Opium-Mischung, die den Gekreuzigten in tiefe Bewusstlosigkeit fallen ließ?

Zweitens: Der Legionär Longinus hält Jesus Christus für tot; als die Soldaten die Beine der beiden anderen Gekreuzigten zerschmettern und ihren Tod so beschleunigen und dasselbe dann mit Christus tun wollen, winkt Longinus ab. Der Mann lebt nicht mehr, glaubt er. Fakt ist, dass ein Zertrümmern der Beine auch für Christus innerhalb kürzester Zeit den Tod bedeutet hätte. Sein möglicher »scheintoter« Zustand rettet ihm das Leben.

Drittens: Longinus durchbohrt – um sicherzugehen – die Seite des Gekreuzigten mit seiner Lanze. Jesus regt sich nicht, aber »Blut und Wasser« fließen aus der Wunde. Ein Toter blutet nicht, lautet die Argumentation von Michael Baigent. Ein Beweis dafür, dass Jesus noch lebt. Aber hier irrt der Autor: Auch eine Leiche kann bis zu fünf Stunden nach ihrem Tod noch Blut absondern. Der Lanzenstich und seine Folgen beweisen weder den Tod Jesu noch dessen heimliches Überleben.

Viertens: Der vom Kreuz abgenommene »Leichnam« wird mit Myrrhe und Aloe eingesalbt. Kostbare Öle zu jener Zeit – und solche, die man besonders zur Desinfektion und Wundpflege einsetzte. Warum aber sollte eine Leiche noch mit Mitteln zur Wundheilung eingesalbt werden? Vielleicht – so Baigent – weil die Leiche gar keine war: Christus' Tod wurde mit Hilfe einiger geschickt vorgehender Verschwörer nur vorgetäuscht, er wurde in tiefer Bewusstlosigkeit, aber noch lebendig vom Kreuz geholt. Und überlebte sein Martyrium. Die gesamte christliche Heilsgeschichte, die Hoffnung auf die Wiederauferstehung nach dem Tod würde sich nach dieser Lesart auf einen gigantischen Schwindel gründen.

Was sagt der Mediziner?

Doch angenommen, es hätte eine solche Verschwörung tatsächlich gegeben – wäre es überhaupt möglich gewesen, eine Kreuzigung zu überleben? Hätte sich der ans Kreuz genagelte Christus wieder erholen, hätte er danach noch weiterleben können?

Jahrhundertelang galt eine Kreuzigung als sicheres Todesurteil: Das eigene Körpergewicht, so lautete bis vor Kurzem der Erkenntnisstand, schnürt den Brustkorb des Delinquenten ab, der Tod erfolgt durch qualvolles, langsames Ersticken. Doch die Hinrichtung durch das Kreuz diente den römischen Machthabern auch als Abschreckung. Sie sollte möglichst lange dauern. Und um das Leiden des Gekreuzigten zu verlängern, gab es einen einfachen Trick, der perfiderweise zunächst wie eine Erleichterung wirkt.

Werden die Füße des Gekreuzigten durch ein kleines Brett (Suppedaneum genannt) am Kreuz abgestützt, tragen sie einen großen Teil des Körpergewichtes. Der zum Tode Verurteilte kann relativ frei atmen, auch wenn die Schmerzen durch die sich verkrampfenden Muskeln höllisch sein müssen.

Tatsächlich hat der amerikanische Arzt Frederick T. Zugibe in Versuchen mit (unblutig) nachgestellten Kreuzigungen bewiesen, dass ein Gekreuzigter mit abgestützten Füßen die Tortur lange überleben kann. Für das Team von *Galileo Mystery* hat er diesen Versuch mit überraschenden Ergebnissen nachgestellt.

Bei einer »abgestützten« Kreuzigung trat der eigentliche Tod dann wahrscheinlich durch die schweren Wunden ein, die dem Opfer vor der Kreuzigung durch die Geißelung beigebracht worden waren. Ein qualvolles Verenden in der prallen Sonne war die Folge.

Aber: Hätte man den Gekreuzigten rechtzeitig vom Kreuz abgenommen und hätte er die Möglichkeit gehabt, sich von den Wunden der Geißelung zu erholen, dann hätte es für ihn eine reale Überlebenschance gegeben – das gilt auch für Jesus Christus.

Doch in wessen Interesse wäre es gewesen, den Tod Christi vorzutäuschen und sein unerkanntes Fortleben zu sichern?

Die Jesus-Verschwörer

Nach der Meinung von Michael Baigent und seiner Anhänger kommen als Verschwörer nur zwei Personen in Frage: Zum einen der reiche Kaufmann Josef von Arimathäa. Er war ein heimlicher Anhänger Christi und erbat dessen »Leichnam« vom römischen Präfekten Pontius Pilatus. Und ausgerechnet jener Pilatus, der seine Hände in Unschuld wusch, nachdem er den Befehl zu Jesus' Kreuzigung gegeben hatte, könnte – so die Theorie – der heimliche Mitverschwörer gewesen sein. Das Land glich zu Pilatus' Zeit einem Pulverfass, ein Aufstand gegen Rom lag in der Luft. Überall formten sich radikale Verschwörergruppen, die den römischen Fremdherrschern lieber heute statt morgen den Krieg erklärt hätten.

Gebt dem Kaiser, was dem Kaiser gehört. Mt 22,21.

Und inmitten dieser mehr als brisanten Lage tauchte plötzlich ein charismatischer junger Mann auf, der Friedfertigkeit predigte und seinen zahlreichen Anhängern riet, dem Kaiser zu geben, was des Kaisers ist. Es wäre nur in Pilatus' Interesse gewesen, wenn dieser junge, redegewandte Rabbi möglichst viele Anhänger gewonnen hätte.

Doch Pontius Pilatus befand sich in einer schwierigen Situation. Ihm selbst war der Friedensstifter Jesus vielleicht willkommen – doch der Hohe Rat

Die Anklagepunkte gegen Pontius Pilatus lauteten: Bestechungen, Beleidigungen, Raub, Gewalttätigkeit, Zügellosigkeit, wiederholte Hinrichtungen ohne juristisches Verfahren, konstante Ausübung von extrem leidvoller Grausamkeit.

Die Kreuzigung Jesu war kein Einzelfall – Pontius Pilatus war als grausamer Statthalter Roms berüchtigt

der Juden sah in ihm einen tempelstürmenden Frevler, einen »jungen Wilden«, der das althergebrachte religiöse Machtgefüge ins Wanken brachte. Der Hohe Rat forderte Jesus' Tod, und Pilatus musste sich diesem Wunsch beugen.

Zumindest dem Anschein nach. Pilatus hatte die Befehlsgewalt über die Soldaten im Land, und er hätte ihnen die heimliche Anweisung geben können, sich bei der todbringenden Geißelung Jesu zurückzuhalten. Und er hätte Josef von Arimathäa im Hintergrund dabei helfen können, den bewusstlosen Jesus vom Kreuz zu holen.

So zumindest die Argumentation von Baigent. Nachdem er von seinen engsten Anhängern gesund gepflegt worden wäre, hätte Jesus unerkannt das Land verlassen können, um mit Maria Magdalena ein unbehelligtes Leben zu führen. Einige Anhänger dieser Theorie vermuten, Jesus sei nach Indien gegangen, andere glauben, dass er in Frankreich eine Familie gründete, deren Nachfahren bis heute unter uns leben. Und hier schließt sich der Kreis von der Jesus-Verschwörung eines Michael Baigent zum *Sakrileg* eines Dan Brown.

Eine runde Theorie – doch leider lässt sie einige historische Fakten außer Acht. Die römischen Machthaber aus der Zeit Jesu standen allen religiösen Gruppierungen Judäas äußerst kritisch gegenüber. Egal, was dieser Jesus von Nazareth auch predigte, er versammelte immer mehr Anhänger um sich. Eine eingeschworene Gemeinschaft, deren äußere Friedfertigkeit jederzeit in offene Rebellion gegen die Obrigkeit umschlagen konnte. So zumindest mussten es die Römer sehen. Zudem war Pontius Pilatus alles andere als ein Mann, der davor zurückschreckte, das Blut eines Unschuldigen zu vergießen, wenn es der Staatsräson diente. Im Sommer des Jahres 36 nach Christus wurde Pontius Pilatus sogar abgesetzt – wegen übertriebener Gewalttätigkeit gegenüber seinen Untertanen.

Mochte Pilatus seine Hände noch so demonstrativ in Unschuld waschen – er war sicher nicht der Mann, der sich auf eine so breit angelegte Verschwörung eingelassen hätte, nur um einem kleinen Unruhestifter aus der tiefsten Provinz das Leben zu retten.

Dass Jesus Christus vom Kreuzestod errettet wurde, ist bloße Theorie. Dass er starb und wiederauferstand, ist dagegen Glaubenssache.

Der Speer und der Becher

Selbst wenn Jesus seine Bedeutung für die Christenheit nicht einem »Grabesschwindel« verdankt, sein Kreuzestod gibt auch heute noch viele Rätsel auf. Eines davon wurde weiter oben bereits angesprochen: Der biblischen Legende nach stieß der Soldat Longinus dem gekreuzigten Heiland mit seinem Speer in die Seite. Blut floss heraus, das der Kaufmann und Jesus-Anhänger Josef von Arimathäa in einem Kelch auffing.

Beide Gegenstände – der Speer des Longinus und der besagte Kelch – sollten schon bald zu sagenumwobenen Reliquien werden, nach denen Archäologen, Historiker und Schatzjäger noch heute fahnden.

Nach dem apokryphen Nikodemus-Evangelium war der Legionär Longinus ein alter und altgedienter Soldat, der Mitleid mit dem gekreuzigten Jesus hatte. Sein Lanzenstich scheint grausam, doch Longinus wollte damit nur sicherstellen, dass der Gekreuzigte tatsächlich tot war – um ihm das entwürdigende Zerschmettern der Beine zu ersparen. Etwas von dem Blut, das aus der Wunde floss, benetzte auch die Augen des zu

In den »regulären« Evangelien sucht man die Geschichten vom Legionär Longinus und dem Heiligen Gral des Josef von Arimathäa vergebens. Die Geschichte wurde im sogenannten Nikodemus-Evangelium festgehalten. Es ist auch unter dem Titel Pilatus-Akten bekannt und wurde erst im frühen 5. Jahrhundert verfasst. Das Werk gehört zu den apokryphen Schriften – zu frühchristlichen Texten, die nicht in die »offizielle« Bibel aufgenommen wurden.

Der Speer des Longinus, später auch »Speer des Schicksals« genannt, soll seinen Besitzer im Feld unbesiegbar machen. Einer modernen Legende nach hat auch Adolf Hitler an diese magische Macht des Speers geglaubt. Sofort nach der Annexion Österreichs hat er den Speer in einem versiegelten Sonderzug zurück nach Nürnberg bringen lassen. Allerdings wohl weniger, weil er an die mythischen Kräfte des Speers glaubte – Hitler sah sich als zukünftiger Herrscher eines neuen Großreiches und wollte dies mit dem Besitz der historischen Reichsinsignien symbolisch untermauern.

diesem Zeitpunkt fast blinden Soldaten – und sein Augenlicht war augenblicklich wiederhergestellt.

»Wahrlich, dies ist Gottes Sohn!«

Der biblischen Legende nach soll Longinus mit diesem Ausruf dankbar auf die Knie gefallen sein. Glaubt man dem Autor Nikodemus, so hat Longinus nach diesem Glaubenserlebnis seinen Dienst quittiert und ist als Missionar durch die Welt gezogen, um auch andere zum Christentum zu bekehren. Immer an seiner Seite – die Heilige Lanze, mit der er die Seite des Heilands ritzte.

Doch schließlich wird Longinus von den Römern selbst gefangen genommen. Man will ihn zwingen, dem Christentum abzuschwören – doch mit seiner Lanze zerschlägt er noch eine Reihe von Götzenbildern, bevor er selbst massakriert wird. Der einstige Scherge Roms ist zu einem Märtyrer für das Christentum geworden.

Die Spur des Speers verliert sich in den folgenden Jahrhunderten, doch als heilige Reliquie in den Händen großer Feldherren taucht er – zumindest der Legende nach – immer wieder auf: Konstantin der Große (280–337) soll ihn in der Entscheidungsschlacht um Rom geführt und durch ihn gesiegt haben; als Kaiser von Rom machte er das Christentum schließlich zur Staatsreligion.

Karl dem Großen (784–814), dem historischen Wegbereiter Europas, soll der Speer ebenfalls zum Sieg über die störrischen Heiden verholfen haben. Und auch in nachfolgenden Jahrhunderten schmückten sich diverse Herrscher immer wieder mit dem angeblichen Speer des Longinus – er wurde sogar zu einer Reichsreliquie, die man seit 1424 in Nürnberg aufbewahrt. In der im Zweiten Weltkrieg zerstörten Kirche des Heilig-Geist-Spitals wurde der Speer in einem silbernen Behälter an Ketten an der Decke auf-

Die Nazis und der Speer des Schicksals – aus der westfälischen Wewelsburg wollte Heinrich Himmler einen gigantischen Schrein für den Speer machen. Autobahnanschluss inklusive

gehängt – sichtbar, aber unberührbar für jedermann.
Als Jahrhunderte später der französische Kaiser Napoleon zu seinem Feldzug durch Europa aufbrach, beschlossen die Stadtväter Nürnbergs, die Speer-Reliquie nach Wien bringen zu lassen, um sie vor dem Zugriff des gierigen Eroberers zu schützen.
Dort, in der Wiener Hofburg, ist der Speer tatsächlich auch heute noch zu bewundern. Er liegt in einer Vitrine mit der eher nüchternen Aufschrift »Heilige Lanze. Karolingisch, 8. Jh.«.

Der Heilige Gral

Noch faszinierender als die Geschichte von der Heiligen Lanze ist die Legende vom Heiligen Gral. Für viele Historiker und Theologen ist der Gral der Becher, mit dem Jesus Christus beim letzten Abendmahl den Wein als Symbol seines Blutes mit seinen Jüngern teilte. Doch nach dem Nikodemus-Evangelium verbindet sich mit dem Heiligen Gral eine viel aufregendere Geschichte.
Der Legende zufolge mochten die römischen Besatzer nicht ganz an die leibliche Auferstehung glauben. Sie beschuldigten Josef von Arimathäa, der sich auffallend um die Leiche Christi bemüht hatte, des Leichenraubes und kerkerten ihn ein. Doch Josefs Fürsorge für den Leichnam Christi blieb nicht unbelohnt. Jeden Tag, so will es das apokryphe Evangelium des Philippus, erschien eine weiße Taube in Josefs Kerker und legte ein Stück Brot in den Becher, mit dem Josef das Blut des gekreuzigten Christus aufgefangen hatte. Dieses Wunder ließ den Kaufmann überleben vierzig lange Jahre, bis zu seiner Freilassung. Dem Gefängnis entronnen, verließ Josef von Arimathäa als greiser Mann das Land. In seinem Gepäck: die kostbarste Reliquie des Christentums. Der Heilige Gral. Josef flüchtete nach England, wo er eine kleine Kirche bei Glastonbury gründete.
Der Legende nach soll Josef von Arimathäa bei seiner Ankunft in Glastonbury einen Stab in die Erde

Josef von Arimathäa bei seiner Ankunft in Glastonbury. Aus dem Stab wird ein Dornenbusch, der noch heute steht

gerammt haben. Dieser Stab schlug gewissermaßen Wurzeln und trieb zum »Heiligen Dornbusch von Glastonbury« aus – einem Weißdorngewächs, das jedes Jahr im Frühling und rund um die Weihnachtszeit Blüten trägt. Das eigentlich Bemerkenswerte daran: Bei dem Dornbusch handelt es sich um ein Gewächs der Art *monogyna praecox,* eine Buschart, die eigentlich in England gar nicht vorkommen dürfte und aus Palästina stammt! Entstammt der Busch tatsächlich einem Stock, der aus dem Heimatland Christi eingeführt wurde?

So oder so, nachdem Josef in Glastonbury seinen Ruheplatz gefunden hatte, soll er hier schließlich auch den Gral vergraben haben.

Eine schöne Legende – oder vielleicht doch mehr? Vor rund hundert Jahren wurde nahe Glastonbury bei Ausgrabungen ein prächtiger gläserner Kelch gefunden – angeblich der Heilige Gral des Josef von Arimathäa.

Doch Zweifel sind angebracht. Gläserne Gefäße waren zur Lebenszeit Christi zwar schon bekannt, aber sie galten als äußerst kostbar und befanden sich fast ausschließlich im Besitz Reicher und Adliger. Beim Kelch des letzten Abendmahls handelte es sich jedoch wahrscheinlich um den einfachen Holzbecher eines Zimmermanns und nicht um ein prachtvolles Glasgefäß. War der Gral aber nicht der Kelch des letzten Abendmahls, sondern der Becher, mit dem Josef von Arimathäa das

Noch heute wird jedes Jahr ein Zweig des blühenden Weißdorns von Glastonbury abgeschnitten und an die Königin von England gesandt, damit dieser ihren Weihnachtstisch schmückt. An der Stelle, an der Josef den Gral vergraben hat, soll überdies auch der Chalice Well (also der Kelchquell) entspringen – eine durch ihren Eisengehalt leicht rötlich gefärbte Quelle, deren Wasser man eine gesundheitsfördernde Wirkung zuspricht.

Der Gral von Valencia – von der Kirche geadelt

Blut des Gekreuzigten auffing, dann könnte das durchaus ein kostbarer Kelch gewesen sein. Immerhin war Josef von Arimathäa ein reicher Kaufmann.

Allerdings ist der Becher von Glastonbury nicht der einzige Kandidat für den »wahren« Heiligen Gral. Seit dem Mittelalter existieren in vielen Ländern alte, mehr oder weniger prächtige Trinkgefäße, bei denen es sich um den Gral handeln soll. Mit den Methoden der modernen Wissenschaft konnten viele davon allerdings als Fälschung aus dem Mittelalter entlarvt werden; damals blühte ein europaweiter Handel mit gefälschten Reliquien, die sich ihre Verkäufer mit Gold aufwiegen ließen.

Für die katholische Kirche indes gibt es ohnehin nur einen einzigen »echten« Gral: den Gral von Valencia, benannt nach der spanischen Kathedrale, in der er seit Jahrhunderten aufbewahrt wird. Auch dieser silberne Kelch wirkt nicht gerade wie der Becher eines einfachen Zimmermanns, aber der Verehrung, die ihm Katholiken in aller Welt entgegenbringen, tut das keinen Abbruch.

So scheint der in Glastonbury gefundene Gral keine Chance zu haben, gegen seinen spanischen Mitbewerber im Kampf um den Titel des Heiligen Grals zu bestehen. Doch die Geschichte des Klosters von Glastonbury endet nicht mit Josef von

Der Gral von Glastonbury – eine dreiste Fälschung?

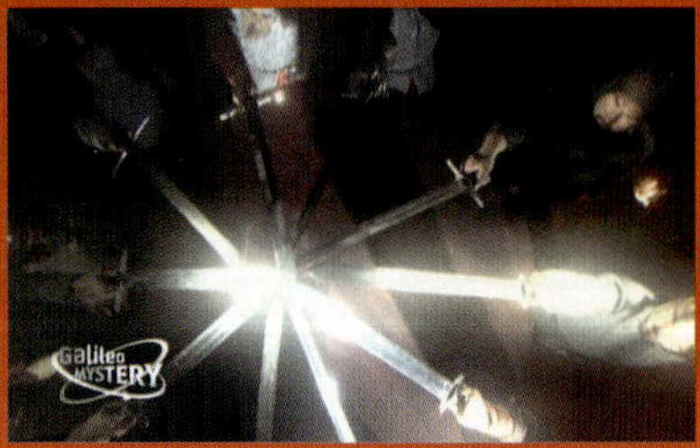

Der Artus der Legende – seine Tafelrunde und seine letzte Reise nach Avalon

Arimathäa. Eine weitere, noch legendärere Gestalt ist mit dieser Stätte verbunden. Eine Sagengestalt, die man getrost als den bedeutendsten Gralshüter überhaupt bezeichnen kann – König Artus.

Die Artus-Legende

Die Legenden um König Artus sind sicherlich die bekanntesten Rittersagen der Welt. Und sie sind keinesfalls neu: Bereits in der *Historia Regum Britanniae* (»Geschichte der Könige Britanniens«) berichtet ein Chronist namens Geoffrey of Monmouth um 1135 von den Heldentaten des geheimnisvollen Ritterkönigs. In den folgenden Jahrhunderten wird die Sage um König Artus immer weiter ausgeschmückt: Sie beginnt mit dem jungen Artus, dem es gelingt, das sagenhafte Schwert *Exkalibur* aus einem Stein oder einem Amboss zu ziehen. Dadurch erfüllt er eine uralte Prophezeiung und wird schon als Knabe zum König von England. Berühmtheit erlangt vor allem die Tafelrunde von König Artus – ein runder Tisch, an dem jeder der zwölf Ritter gleichberechtigt ist.

Lancelot, Gawain oder Sir Galahad – auch sie wurden zu Legenden.

Allein oder in Begleitung seiner treuen Ritter besteht König Artus zahlreiche Abenteuer und Kämpfe, trotzt Zauberern und Verschwörern. Am Ende seines ruhmreichen Lebens wird der König, tödlich verletzt, von geheimnisvollen, weiß gewandeten Frauen in einem Boot auf die mystische Nebelinsel Avalon gebracht. Auf dem Weg dahin versenkt Artus – einigen Legenden zufolge – sein magisches Schwert *Exkalibur* im See, bevor er auf Avalon seinen ewigen Frieden findet.

Die Haare der Artus-Gattin Guinevere, so will es die Legende, seien in dem Grab von Glastonbury noch in ihrer vollen goldenen Pracht erhalten gewesen. Erst als ein lüsterner Mönch sie berührte, zerfiel diese Haarpracht zu Staub.

Eine mittelalterliche Touristenattraktion

Die Rittergeschichten um König Artus klingen wie eine Legende, doch vielleicht sind sie mehr als das. Zumindest, wenn man einem weiteren Chronisten des Mittelalters namens Giraldus Cambrensis glaubt. Im Jahre 1191, behauptet Giraldus, machen Mönche der Abtei von Glastonbury einen unglaublichen Fund.

Unter ihrem Kloster finden sie ein Grab – und nicht irgendeines.

»Hic iacet sepultus inclitus rex Arturius in insula Avalonia«, steht auf der Platte eingemeißelt.

Die Abtei von Glastonbury – letzte Ruhestätte des Königs Artus?

»Hier liegt der berühmte König Artus, begraben auf der Insel Avalon.«

In dem Grab: die Gebeine eines hochgewachsenen Mannes mit einer schweren Schädelverletzung. Und neben ihm, in ewiger Grabesruhe vereint, die sterblichen Überreste einer Frau mit güldenem Haar – König Artus' Gemahlin Guinevere.

Für die Mönche von Glastonbury ein Glücksfund – in jeder Beziehung. Denn wenige Jahre zuvor war ihre Abtei bei einem verheerenden Feuer abgebrannt. Jetzt strömten Pilgerscharen aus dem ganzen Land herbei, um die Knochen des sagenhaften Königs zu bewundern – und sie brachten Geld mit nach Glastonbury. Geld, das für den Wiederaufbau des Klosters dringend benötigt wurde.

Beweisen lässt es sich heute nicht mehr, aber vieles deutet darauf hin, dass sich die findigen Mönche die Geschichte um den Fund des Artus-Grabes ausgedacht, die Knochen des legendären Königs gefälscht hatten, um Pilgerscharen anzulocken und die marode Klosterkasse aufzufüllen. Kein

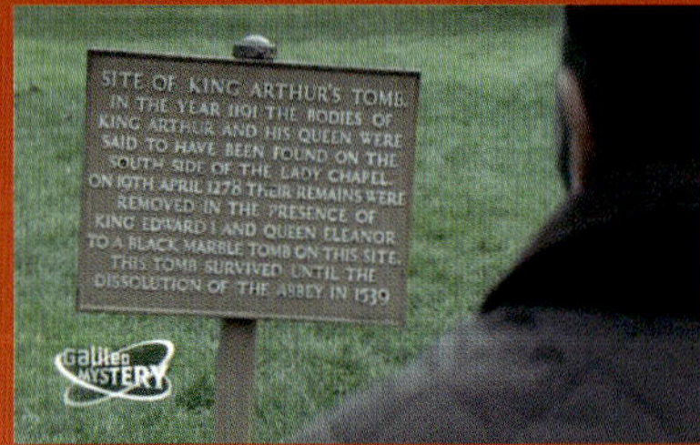

Das Grab König Artus' – ein Produkt mittelalterlicher Reliquienfälscher?

ungewöhnlicher Vorfall, denn im Mittelalter war das Fälschen von Reliquien überaus verbreitet. Ein Indiz für die Fälschungsaktion: Im Grab soll ein Bleikreuz gefunden worden sein, das Artus gehörte. Doch das Todesjahr des sagenhaften Königs wird mit 542 angegeben; Bleikreuze kommen erst 650 Jahre später in Gebrauch.

Die Gebeine selbst gingen in den Wirren der Reformation verloren, aber das angebliche Artus-Grab von Glastonbury ist weiterhin ein Touristenmagnet.

Aber ist das ein Beweis dafür, dass Artus nie gelebt hat? Noch nicht. Die Grabesfälschung zeigt vielmehr, wie populär der Mythos um Artus schon

Volkssport Reliquienfälschung: Im Mittelalter gab es keine Reliquie, die es nicht gab. Die Herstellung und der Handel mit gefälschten Reliquien war eine eigene kleine Industrie. Fabriziert und verkauft wurde alles, was in der Bibel vorkam und mit Händen gefasst werden konnte. Einige der kuriosesten Reliquien: Brotkrümel vom letzten Abendmahl; Zweige vom brennenden Dornbusch; Federn des Hahnes, der bei Petrus' Verleugnung Christi dreimal krähte; Stroh aus der Krippe Jesu; Reste von Noahs Arche; ein Strahl vom Stern von Bethlehem.

Die letzte Ruhestätte des Gralskönigs in Glastonbury – eine glatte Fälschung raffgieriger Mönche.

Noch heute steht in Glastonbury eine Gedenktafel, welche die Stelle markiert, an der die Gebeine von König Artus 1278 umgebettet wurden.

im 12. Jahrhundert war. Ein Indiz, das darauf hindeutet, dass Artus – oder zumindest eine Gestalt, die als Vorbild für die Artus-Sage wirkte, tatsächlich existiert hat.

Die Suche geht weiter.

Die ersten Ritter

Drei Symbole sind eng mit dem König Artus der Legenden verbunden – egal aus welchem Jahrhundert sie stammen: sein Pferd, sein mächtiges Schwert *Exkalibur* und das *Pendragon*, das Wappen des Artus in Form eines Drachenkopfes.

Diese drei Symbole sind die wichtigsten Indizien der modernen Artus-Forschung. Und die Spur des historischen Artus führt tief in die Zeit vor der eigentlichen Artus-Sage und tief in das römische Weltreich der damaligen Zeit. »Barbaren« aus allen Richtungen des Erdkreises drängten an die Grenzen des römischen Imperiums. Und zu den gefürchtetsten Kriegern dieser zählten die Sarmaten – ein Reitervolk aus den Steppen nahe des Schwarzen Meeres, die eine Verknappung des Weidelandes Richtung Westen vorpreschen ließ.

Im Kampf galten die Sarmaten lange Zeit als unbesiegbar, der römische Geschichtsschreiber Herodot vermutete sogar, die Sarmaten seien die Nachfahren der sagenhaften Amazonen. Der Grund für seine Vermutung: Bei den Sarmaten kämpften Männer und Frauen Seite an Seite – für die Römer der damaligen Zeit eine ungeheure Vorstellung.

Doch die Unbesiegbarkeit der Sarmaten hatte ganz andere Gründe: Sie kämpften hoch zu Ross,

Die Sarmaten – in der Vorstellung der Römer Nachfahren der Amazonen

Steinrelief eines Sarmaten-Reiters. Die Ähnlichkeit zum Artus der Sage ist unverkennbar

beschossen ihre Gegner vom Sattel aus mit Pfeilen oder mähten sie mit bis zu vier Meter langen Stoßlanzen nieder. Römische Truppen waren es dagegen gewohnt, zu Fuß zu kämpfen; gegen die Reiterattacken der Sarmaten hatten sie keine Chance.

Erst viele Hundert Jahre später sollten die europäischen Ritter diese Kampftechniken für sich entdecken. Die Sarmaten können tatsächlich als die ersten »Ritter« bezeichnet werden – als vom Pferd aus kämpfende Krieger.

Zudem waren die Sarmaten gewiefte Taktiker: Sie täuschten während einer Schlacht ihren Rückzug vor – und wenn die siegesbewussten Gegner den vermeintlich Fliehenden nachstellten, lockten die Sarmaten sie in einen Hinterhalt.

Legion auf Legion fiel dieser Strategie zum Opfer.

Bezwinger der Sarmaten

Erst um 172 nach Christus kommt es im Donaugebiet zu einer Wende: Ein römischer Feldherr lässt sich nicht von den Finten der Sarmaten täuschen. Er verwickelt die Reiterkrieger in ein Scharmützel Mann gegen Mann, zwingt sie von ihren Pferden – und besiegt die Horde schließlich.

Und der namenlose Feldherr beweist auch nach der siegreichen Schlacht sein taktisches Geschick. Statt die gefangenen Krieger niedermetzeln zu lassen – wie es üblich wäre –, verschont er ihre Leben und nimmt sie in seine eigenen Truppen auf.

Die Sarmaten-Krieger verdanken dem Römer ihr Leben und sind ihm von nun an bedingungslos ergeben. Sie sind seine »Ritterschar«, loyal bis in den Tod.

Doch das – so die Theorie – reicht dem römischen Feldherren noch nicht. Die Sarmaten verehren einen blutrünstigen Kriegergott, dessen Symbol uns aus der Artus-Sage bekannt vorkommt: ein im Boden steckendes Schwert!

Indem unser römischer Feldherr das heilige Schwert der Sarmaten vor ihrer aller Augen aus

Der Artus der Sage – und unser römischer Feldherr. Das Schwert wird zum Symbol seiner Unbesiegbarkeit

dem Boden zieht, bezwingt er auf symbolische Weise ihren Gott und wird so selbst zu einer fast überirdischen Gestalt.
Die Parallelen zur Artus-Sage, in welcher der Knabe das magische Schwert *Exkalibur* aus dem Stein zieht und damit unbesiegbar wird, sind nicht zu übersehen.

5500 Ritter für England

Doch was hat dies alles mit England zu tun, dem Mutterland der Artus-Legende?
Nach der Unterwerfung der Sarmaten-Krieger bekommt ihr römischer Bezwinger eine neue Aufgabe: Er soll die durch Britannien verlaufende Nordgrenze des Römischen Reiches vor dem schottischen Stamm der Pikten schützen, die immer wieder gegen den Hadrianswall anstürmen. Dieser Wall ist eine von dem römischen Kaiser Hadrian ab 122 nach Christus errichtete gewaltige Schutzmauer gegen die »Barbaren« aus dem Norden. Doch sie ist über 120 Meter lang und kaum zu verteidigen.
Bis unser römischer Feldherr auf den Plan tritt. Er siedelt 5500 seiner Sarmaten in England an – Männer, Frauen und Kinder. Und nur rund 500 dieser Krieger schaffen, was die Römer bislang vergeblich versucht hatten. Sie sichern den Wall und damit das Römische Reich gegen die schier übermächtigen Barbaren. Sie sind die tapferen, fast unbesiegbaren Retter Englands. Aber sie kämpfen nicht für das Land, das nicht einmal ihr eigenes ist – sondern nur für ihren über alles verehrten Feldherren. Genau so, wie es Jahrhunderte später die Ritter der Tafelrunde tun – für ihren König Artus.
Ein gewagter Sprung von der Historie ins Reich der Legende – aber die Spekulation ist schlüssig.
Alles, was noch fehlt, ist der Name des charismatischen Feldherren. Doch auch hier gibt es eine Spur. Im heutigen Kroatien – vor über anderthalb Tausend Jahren eine Art Rentnerparadies für gediente Feldherren – stieß das *Galileo-Mystery*-Team in der Fassade einer alten Kapelle auf den darin verbauten Grabstein eines römischen Feld-

Artorius – ruhen die Gebeine des römischen Artus-Vorbildes in Kroatien?

herren. Eines Feldherren, der – so ist es in der Inschrift zu lesen – nach langen und siegreichen Kämpfen im kalten Britannien hier unter der wärmenden Sonne seinen Lebensabend verbrachte. Der Name dieses Mannes: Artorius.

Nur ein Zufall? Oder findet sich hier tatsächlich das Grab des römischen Feldherren, dessen Taten später zu einer legendären Erzählung wurden?

Vom Legionär zum Gralsritter

Selbst wenn die Wurzeln der Artus-Legende auf einen römischen Feldherren zurückgehen – und einiges spricht dafür –, wie ist nun der Heilige Gral in diese Geschichte hineingeraten?

Der Heilige Gral, die mythenumrankte christliche Reliquie, ist bis heute verschollen.

In vielen Artus-Sagen machen sich Artus und seine getreuen Ritter auf, um jene mythenumrankte, christliche Reliquie zu finden und zu beschützen. Doch in den historischen Überlieferungen um die Sarmaten ist keine Rede von einem wie auch immer gearteten Gral. Und christliche Ritter waren die Sarmaten im Verständnis des Mittelalters sicher auch nicht – eher im Gegenteil: Sie huldigten bis zu ihrer Unterwerfung durch Artus einem »heidnischen« Kriegsgott.

Eine mögliche Erklärung: Der römische Feldherr Artorius und seine ihm ergebenen Sarmaten-Reiter wurden zuerst im Volksmund und dann in der Legendendichtung zu christlichen Rittern umgedeutet. Und damit nicht genug. Den ersten »Boom« erlebten die Gralslegenden im 11. Jahrhundert – zu einer Zeit, in der die Normannen gerade England erobert hatten und bis nach Irland vorgedrungen waren. Zahlreiche Angelsachsen flüchteten vor den Angreifern aufs europäische Festland; in ihrem Gepäck nicht nur ihre materiellen Habseligkeiten, sondern vor allem ein reicher Schatz an Sagen und Legenden. Die Euro-

Im Altfranzösischen bezeichnet das Wort »graal« tatsächlich eine Schüssel, in der Essen gereicht wurde. Der Ursprung dieses Wortes leitet sich wiederum aus dem lateinischen »crater« ab, einer Bezeichnung für ein Misch- oder Trinkgefäß.

päer hörten über die Flüchtlinge zum ersten Mal von den faszinierenden keltischen Mythen, von edlen Rittern und Zauberern, von furchtbaren Kreaturen und tapferen Helden – und von der Magie der keltischen Druiden, in denen magische Zauberkessel eine besondere Rolle spielten: In der keltischen Mythologie tauchen diese Kessel immer wieder auf, werden geradezu kultisch verehrt. Sie können Tote zum Leben erwecken, ungeheure Schätze hervorbringen oder sind – wie ein Füllhorn – der Quell nie enden wollender Speisen.

Der Heilige Gral – wahrlich ein »Mischgefäß« großartiger Geschichten

Faszinierende Geschichten, die Hofdichter wie der Ende des 12. Jahrhunderts lebende Wolfram von Eschenbach als Vorlage für ihre eigenen Heldensagen um König Artus oder den edlen Parzival nutzten. Doch so faszinierend diese Mythen auch waren – ihr »heidnischer« Ursprung blieb unübersehbar. Und so wurde – möglicherweise – aus den magischen Kesseln der Druiden … der Heilige Gral!
Dem Becher, der das Blut Christi am Kreuz aufgefangen hatte, wurden eben diese Eigenschaften angedichtet, die auch die Zauberkessel der Druiden besaßen: Er schenkte Leben und ernährte die Gläubigen – wie in der Geschichte um den 40 Jahre lang inhaftierten Josef von Arimathäa.
Mit ihm beginnt und schließt sich auch der Kreis um den Heiligen Gral: Josef hat ihn der Legende nach mit ins britische Glastonbury genommen und ihn dort vergraben. Genau an dem Ort also, an dem sich nach der Vorstellung einer anderen Legende die letzte Ruhestätte des Gralsritters König Artus befindet.

Die Kreuzigung Christi, die Abenteuer von König Artus und die Mythen um die keltischen Druiden – jahrhundertelang existierten diese Geschichten unabhängig nebeneinander, bis sie im 11. Jahrhundert zu einer völlig neuen Legende verschmolzen. Der Legende vom Heiligen Gral und seinen Gralsrittern. Ein weiter Weg, doch er mündete schließlich in einer der schillerndsten und faszinierendsten Legenden des Abendlandes.

UNTER RÄUBERN

ROBIN HOOD und DER POSTRAUB VON 1963

Galileo MYSTERY

Recht und Gesetz – das sind die zwei der wichtigsten Säulen, auf denen unsere Gesellschaft ruht. Verbindlich für alle regelt das Gesetz die Art und Weise unseres Zusammenlebens. Die Festlegung bestimmter Rechtsnormen war und ist eine der größten Zivilisationsleistungen der Menschheit. Das Gesetz schützt jeden Einzelnen vor Willkür und Unrecht. Und doch – seit es Gesetze gibt, existiert in allen Kulturen eine heimliche Faszination für die Männer und Frauen, die sich gegen diese Regeln stellen. Eine Faszination für Verbrecher, für Diebe und Räuber.

Sei es der »Dieb von Bagdad«, Seeräuber wie Klaus Störtebeker oder Henry Morgan oder eine elegante Gaunerbande wie die neuzeitlichen Meisterdiebe aus dem Film *Ocean's Eleven* – Leben und Taten von Gesetzesbrechern wurden schon zu allen Zeiten romantisch verklärt. Bereits in Friedrich Schillers Schauspiel *Die Räuber* (1781) sind die Titelhelden aufrechte, aber getriebene Charaktere, die zwischen dem Gesetz und dem Wunsch nach persönlicher Freiheit hin und her gerissen werden. Schiller hat mit seinem Werk vielleicht genau das benannt, was wir an Räubern und Dieben so anziehend finden:

Räuber sind abenteuerliche Persönlichkeiten.

Sie wagen, was wir alle uns heimlich wünschen – einmal aus dem Regelwerk des Alltags auszubrechen, das Unrecht zu bekämpfen und das Schicksal in die eigene Hand zu nehmen.

Und es gibt sogar eine legendenumwobene Gestalt, die alle diese romantischen Vorstellungen in sich vereint …

Robin Hood – Der König der Diebe

England, im 11. Jahrhundert. Das ganze Land stöhnt unter der Herrschaft der Normannen – Eroberer vom Festland, die die Bevölkerung unter ihrer Knute halten und terrorisieren. Die Sheriffs der Grafschaften sind ihre willfährigen Helfer: Der lange Arm des Gesetzes – in dieser Zeit dient er dazu, die verarmte Bevölkerung bis auf den letzten Heller auszupressen.
Einer der skrupellosen Schergen der Normannen ist der berüchtigte Sheriff von Nottingham. Gerade hat er mit seinen Helfershelfern die Bauern eines Dorfes in der Provinz ausgenommen und will schon mit reicher Beute zurück in seine Festung – als ein Pfeil durch die Luft schwirrt und sich, haarscharf am Kopf des Sheriffs vorbei, in einen Baum bohrt.

Wie aus dem Nichts tritt der Meisterschütze mit einer munteren Truppe Geächteter aus dem Dickicht – gut aussehend, in tadellos sitzender grüner Robe, mit gepflegter Frisur und gestutztem Bärtchen, den Federhut keck auf dem Kopf. Das raue Leben im Wald scheint weder seiner makellosen Erscheinung noch seiner Stimmung einen Abbruch zu tun. In bester Laune und spöttisch-höflichem Ton nimmt er dem erbosten Sheriff das Geld wieder ab – um es den Armen zurückzugeben.

So zumindest will es die Legende – und die Traumfabrik Hollywood. Der mit drei Oscars prämierte

Legendäre Widersacher: Der Sheriff von Nottingham und Robin Hood

Die frühen Balladen erwähnen nichts davon, dass Robin Hood seine Beute an die Armen verteilte. Robins soziales Gewissen ist demnach eine Erfindung der Neuzeit.

Film *Robin Hood – König der Vagabunden* aus dem Jahre 1938 zählt dank dem Hauptdarsteller Errol Flynn – einer Mischung aus Frauenschwarm und Haudegen – bis heute zu den beliebtesten Abenteuerfilmen überhaupt und prägt zusammen mit zahllosen anderen Verfilmungen und Erzählungen das Bild des Robin Hood in unserer Vorstellung.

Doch die Faszination an dem grün gewandeten »Rächer der Witwen und Waisen« reicht sehr viel weiter zurück. Die erste schriftliche Erwähnung Robins stammt aus dem Jahr 1377; in der Handschrift *Piers Plowman* von William Langland fällt zum ersten Mal der Name des Bogenschützen. Die Einführung des Buchdrucks in England ab dem frühen 16. Jahrhundert leistet der Popularität Robin Hoods noch einmal Vorschub. Nun erscheinen in gedruckter Form Reime, Balladen, Erzählungen und Theaterstücke über den besonderen Helden. Gegen Ende des 16. Jahrhunderts wird Robin Hood sogar geadelt: Robert von Locksley heißt er dann, in anderen Quellen auch Earl of Huntington.

Doch den größten Popularitätsschub verdankt Robin aus dem Wald wohl einem Jugendbuch: Der amerikanische Autor Howard Pyle veröffentlicht 1883 *The Merry Adventures of Robin Hood* und schafft damit einen Weltbestseller, der Robin endgültig zu einer Ikone macht.

Nur ein fantastischer Volksheld?

Robin Hood ist ohne Zweifel eine der berühmtesten Abenteuer-Legenden der Welt. Doch ist er vielleicht mehr als das? Hat er ein reales Vorbild – oder sogar wirklich gelebt? Immerhin bedeutet das Wort »Legende« die mündlich oder schriftlich überlieferte, im Laufe der Jahrhunderte ausgeschmückte Lebensgeschichte einer realen historischen Persönlichkeit! Sollte aber ein tatsächliches Vorbild für Robin Hood existiert haben, so machen die zahlreichen Geschichten um seine Abenteuer die Suche nach dem realen Vorbild nicht gerade leichter. In einigen dieser Erzählungen wird er als religiös beschrieben, in anderen als hemmungsloser Draufgänger. In den frühesten Legenden ist er einfacher Gutsbesitzer, an späterer Stelle heißt es, er sei adeliger Abstammung. Auch die berühmte

Jagd auf ein Phantom – wer war Robin Hood wirklich?

Liebesbeziehung zu Maid Marian wird erstmals im 16. Jahrhundert erwähnt, zuvor firmiert Robin als Single. In alten Balladen ist er ein Widerstandskämpfer gegen die Normannen, später wird er zum Verbündeten von Richard Löwenherz.

Eines ist jedenfalls sicher: Eine einzelne Person kann unmöglich alle diese Charakterzüge, Abenteuer und Epochen gleichzeitig in sich vereinen. Robin Hood war und ist eine Projektionsfigur, der zu verschiedenen Zeitabschnitten verschiedene Eigenschaften und Tugenden angedichtet wurden, ganz auf die gerade vorherrschenden Bedürfnisse zugeschnitten.
Doch wer war der echte Robin Hood – wenn er überhaupt existiert hat?

Ebenso wie die Freundin des Robin Hood, Maid Marian, tauchte auch der lebenslustige Mönch Bruder Tuck erst in späteren Robin-Hood-Geschichten auf. Bevor er in die Legende aufgenommen wurde, war der rauflustige Mönch eine beliebte Gestalt in öffentlichen Theateraufführungen und Singspielen.

Spuren an wichtigen Stätten

Die Suche nach dem echten Robin ist eine Suche nach historischen Belegen für seine Existenz. Enthalten die vielen Geschichten um den Helden auch nachprüfbare Hinweise? Die erste Spur führt nach Bolsterstone in der Grafschaft Yorkshire. Ab dem 16. Jahrhundert wurde der Volksheld vermehrt mit Robert, dem Earl of Huntington, in Verbindung gebracht. Der junge Earl of Huntington passt zeitlich in die Robin-Hood-Legende. Sein Vater war ein erbitterter Feind der normannischen Invasoren und bezahlte seinen Widerstand 1076 mit dem Leben. Er hinterließ einen Sohn namens Robert. Die Hinrichtung seines Vaters wäre sicher ein starkes Motiv für den jungen Adeligen gewesen, gegen die Obrigkeit zu kämpfen.

Von Hollywood wurde diese These auch ohne Belege adaptiert, doch im Jahr 2006 erregte ein britisches Forscherteam weltweites Aufsehen: Es wollte den Beweis dafür entdeckt haben, dass Robin Hood wirklich mit dem jungen Earl identisch ist. In Bolsterstone stießen die Forscher auf die Reste eines Schlosses aus dem 11. Jahrhundert – angeblich das Familienschloß der Huntingtons. Dies ist zumindest möglich, da die Familie aus der Gegend stammt.

Eine Sensation? Tatsächlich stießen die Archäologen in Bolsterstone auf die Mauern eines sehr alten Schlosses. Doch ausgerechnet die spannende Ausgrabung einiger Artefakte sorgte für rasche Ernüchterung. Eine sorgfältige Datierung der Funde ergab schließlich, dass das angebliche Heimatschloß Robins erst im 16. Jahrhundert errichtet wurde. Leider kam der historisch verbürgte Earl of Huntington bereits 500 Jahre früher zur Welt. Die Wissenschaftler hatten sich zu früh gefreut, und ihre anfänglichen Vermutungen waren nur allzu bereitwillig von der Presse aufgenommen worden. Weder Robert Earl of Huntington noch Robin Hood können etwas mit dieser Ruine zu tun haben. Trotzdem sind der Fund und die danach verbreitete Falschmeldung ein interessanter Beweis – ein Beweis dafür, wie groß das Interesse der Menschen noch immer ist, dem Mythos Robin Hood auf die Spur zu kommen.

Tod im Kloster

Die Enttäuschung von Bolsterstone ist dennoch kein Beleg dafür, dass Robin Hood *nicht* der Earl of Huntington war. Vielleicht hatte man nur an der falschen Stelle gesucht – und der Ort der Wahrheit ist gar nicht weit entfernt.

45 Kilometer von Bolsterstone liegt das Kloster

Nur ein Scherz? Die Grabestafel vom Kloster

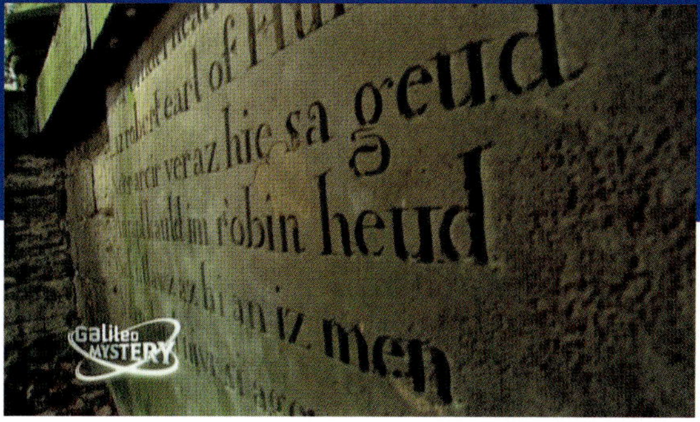

Kirklees in der Grafschaft Yorkshire. Für den Robin der Legende ein verhängnisvoller Ort: Auf der Flucht vor den Männern des Sheriffs sucht der verletzte Bogenschütze Zuflucht innerhalb der Klostermauern. Die Äbtissin, ausgerechnet eine Cousine Robins, die ihn nur zur Ader lassen soll, ersticht ihn jedoch hinterrücks, um das Geld zu kassieren, das auf den Kopf des Geächteten ausgesetzt ist. Robin Hood erhebt sich sterbend, um einen letzten Pfeil abzufeuern. Dann bittet er seinen Freund Little John, ihn dort zu begraben, wo der Pfeil niedergeht.

So zumindest wird das traurige Ende des Volkshelden in *Robin Hood's Death* beschrieben. Die Geschichte stammt aus der Handschriftensammlung *Percy Folio* aus dem 17. Jahrhundert. Glaubt man ihr, so hat Robin Hood seine letzte Ruhestätte unweit des Klosters gefunden. Eine heiße Spur für Historiker, auch wenn rund fünfhundert Jahre zwischen den Geschehnissen und ihrer Niederschrift liegen.

Das Kloster Kirklees selbst wurde zwar bereits 1538 abgerissen, aber bei seinen Recherchen ist das Team von *Galileo Mystery* auf eine tatsächlich mysteriöse Spur gestoßen: einen alten Grabstein auf dem ehemaligen Grundstück des Klosters. Und er ist mit einer rätselhaften Inschrift geschmückt:

Hear Underneath this laitl Stean
*Laz **robert earl of Huntingtun***
Ne'er arcir ver as hie sa geud
*And pipl kauld im **robin heud***
Sick utlawz az hi an iz men
Vil england nivr si agen.

Die auf Mittelenglisch verfasste Inschrift ist zwar nur noch für Historiker nachvollziehbar. Doch auch dem Laien fallen zwei Namen auf: »robert earl of Huntington« und »robin heud«. Ein Zufall kann das nicht sein. Und tatsächlich ist die Inschrift ein Nachruf auf Robin Hood, den legendären Volkshelden. Die Übersetzung lautet:

Hier unter diesem kleinen Stein
liegt Robert, Graf von Huntington.
Niemals gab es einen besseren Schützen,
und die Menschen nannten ihn Robin Hood.

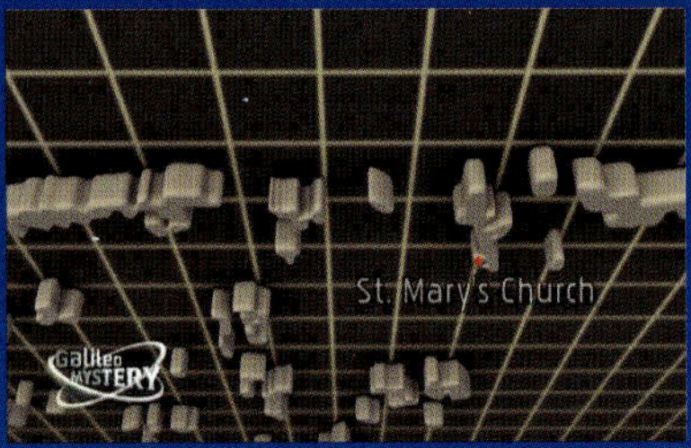

Computer-Rekonstruktion und Erforschung der alten Gänge – Robin Hood könnte hier tatsächlich in den Untergrund gegangen sein …

Solche Gesetzlose, wie ihn und seine Männer wird England niemals wieder sehen.

Die deutsche Übersetzung birgt Erstaunliches. Glaubt man der Inschrift, hat nicht nur die Suche nach dem Grab des berühmten Volkshelden ein Ende, es scheint gleichzeitig der lang gesuchte schriftliche Beweis dafür, dass der Adelige Robert Earl of Huntington und der gesetzlose Robin Hood ein und dieselbe Person sind! Doch eine genauere Analyse des Grabsteins lässt stutzen: Das angegebene Todesdatum sind die *24 Kalenden Dezembris 1247,* der 24. Dezember 1247. Dieses Datum birgt aber aus zwei Gründen ein Problem. Zum einen lebte der historisch verbürgte Earl of Huntington ganze zweihundert Jahre früher, zum anderen ist die Schreibweise des Datums kurios. Es ist nach den Regeln des zu Robin Hoods Zeiten noch geltenden Julianischen Kalenders dargestellt, in dem von bestimmten Monatstagen an rückwärts gezählt wird. Der wichtigste Folgetag nach dem 24. Dezember wäre der 1. Januar – Neujahr. Von diesem wichtigen Datum an würde der Julianische Kalender acht Tage zurückzählen. Der 24. Dezember wäre nach den kalendarischen Regeln aus Robin Hoods Zeit also der achte Tag vor dem 1. Januar, auf Lateinisch *nono kalendas januari*.

Jedermann im Mittelalter hätte gewusst, dass die *24 Kalenden Dezembris* gar nicht existieren.

Erst recht ein Steinmetz, der regelmäßig Grabsteine bemeißelt.
Die Schlussfolgerung ist klar und abermals enttäuschend. Der Grabstein stammt aus einer späteren Epoche, in der der Julianische Kalender längst nicht mehr verwendet wurde. Eine Fälschung! Entweder der Scherz eines späteren Robin-Hood-Verehrers oder der Streich eines geschäftstüchtigen Menschen, der den Wert seines Grundstücks steigern wollte.

Die Gänge von Nottingham sind teilweise noch intakt. Seit dem 18. Jahrhundert wohnt niemand mehr darin, aber im Zweiten Weltkrieg dienten sie als Bunkeranlagen. Heute gehört ein Teil des Höhlensystems zu Nottinghams Touristenattraktionen.

St. Mary's in Nottingham

Doch Hinweise auf den realen Robin Hood gibt es genug, besonders in schriftlicher Form. Eine der ältesten schriftlichen Überlieferungen stammt aus dem Jahr 1450. Sie trägt den nüchternen Titel *Robin Hood und der Mönch*. Der unbekannte Verfasser schwelgt nicht in den Heldentaten des Gesetzlosen und Meisterschützen, sondern zeichnet das Bild eines ernsten und gläubigen Mannes – eines Mannes, den er – so die Behauptung in seinem Text – persönlich getroffen hat. Der Handschrift zufolge suchte Robin die Kirche St. Mary's in der Nähe von Nottingham auf, um dort zu beten.

Die damalige St. Mary's Church wurde zwar erst 1475 fertiggestellt, doch errichtet hat man sie auf den Ruinen einer viel älteren, prächtigen und aus dem 11. Jahrhundert stammenden Kirche. Robin Hood hätte also tatsächlich dort sein können. Und außerdem: Unter der neuen St. Mary's Church sind noch die Überreste uralter dunkler Geheimgänge und Katakomben erhalten, die das Nottingham des 11. Jahrhunderts durchzogen. Nottingham war damals zweigeteilt. Die wohlhabenden Bürger lebten in einer hellen und prächtigen Provinzstadt; die Armen und Ausgestoßenen mussten ihre Existenz weitgehend in den künstlichen Gängen darunter fristen.

Sicherlich war das Höhlensystem auch ein idealer Unterschlupf für Räuber und Gesetzlose, die nach ihren Beutezügen immer wieder untertauchen mussten – im wahrsten Sinne des Wortes.

Einer der Gänge, heute halb verschüttet, führt sogar in den Sherwood Forrest, das »Jagdrevier« des grün gekleideten Briganten und seiner Räuberschar. Die Legenden über Robin Hood könnten sich also tatsächlich hier abgespielt haben – ein Beweis ist dies allerdings noch nicht.

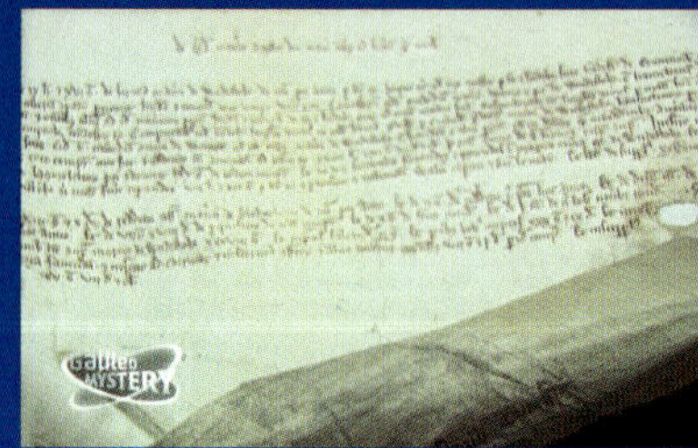

Ordentliches Aktengrab:
Findet sich im Motiv der Beweis –
hat Robin Hood gelebt?

Eine aktenkundige Legende

Den stichhaltigsten Hinweis auf die wahre Existenz Robin Hoods liefern bezeichnenderweise weder eine alte Kirche noch ein Grabstein, sondern eine schlichte Aktennotiz. Robin Hood war – da sind sich alle Quellen einig – ein Geächteter. Ein Untertan also, dem alle bürgerlichen Rechte entzogen wurden, dessen Vermögen an den König fiel und der für »vogelfrei« erklärt wurde. Ein »Vogelfreier« hörte sozusagen auf, als Mensch zu existieren. Doch es gibt einen Moment, in dem ein Vogelfreier noch einmal in den Akten auftaucht – dem Moment nämlich, in dem der ehemals unbescholtene Bürger zum Geächteten wird. Es obliegt dann dem zuständigen Sheriff, Hab und Gut des Vogelfreien zu konfiszieren. Ein Verwaltungsakt, der in den königlichen Akten niedergeschrieben werden muss. In dieser Hinsicht waren die normannischen Herrscher des damaligen England gut organisiert. Sie führten sogenannte *Pipe Rolls* – Schriftrollen, in denen der

»Vogelfrei«: ein romantisch klingendes Wort, aber eine furchtbare Strafe für einen Geächteten. Wer für vogelfrei erklärt wurde, genoss keinerlei Schutz auf körperliche Unversehrtheit mehr – niemand durfte ihm Obdach gewähren, und er durfte von jedermann straffrei getötet werden. Auch das Recht auf eine christliche Bestattung wurde einem vogelfreien Menschen verwehrt. Starb er, so überließ man seinen Leichnam den Vögeln zum Fraß.

»Hobbehod« und sein Ende – zumindest in den Akten

Sheriff eines Bezirks peinlich genau Buchhaltung über seine Einnahmen und Ausgaben zu führen hatte. Noch heute können die *Pipe Rolls* im Londoner Nationalarchiv eingesehen werden.

Eine *Pipe Roll* aus den Jahren 1225/1226 mit der Buchführung des Sheriffs von Yorkshire wartet mit einer Überraschung auf. Ein gewisser »Robin Hod,fug.« taucht darin auf! Das »fug.« steht dabei für *fugitive*, also flüchtig. Der aufgeführte Robin sollte laut den Unterlagen enteignet werden – sein Besitz im Wert von 36 Shilling und 6 Pence wäre an den König gefallen. Etwas wenig für das Vermögen eines Adelssohnes, aber die alte Akte bringt noch eine weitere faszinierende Tatsache ans Tageslicht: Der Eintreiber dieses Kleinvermögens ist ein gewisser Eustace of Lowdham, der Sheriff von Yorkshire. Und dieser Sheriff wird einige Jahre später versetzt – nach Nottingham!

Der Name »Robin Hod« taucht in den folgenden vier Jahren immer wieder in den Akten des Sheriffs von Nottingham auf, später bekommt der Flüchtige den Spitznamen »Hobbehod«. Es scheint tatsächlich, als wäre der historische Robin Hod dem Sheriff immer wieder entwischt.

Wie die reale Geschichte der beiden endet, ist aus den Unterlagen nicht genau ersichtlich. Der letzte Eintrag in den *Pipe Rolls* weist ein Kreuz hinter Robins Namen auf. Entweder, weil der Sheriff seinen langjährigen Widersacher dann doch zur Strecke gebracht hatte – oder weil »Hobbehod« seine Schulden endlich beglich.

Robin Hood – Dichtung und Wahrheit

Auch wenn es kein eindeutiger Beweis ist – es spricht einiges dafür, dass wir in dem 1225 erwähnten »Robin Hod« das historische Vorbild für den legendären Gesetzlosen Robin Hood gefunden haben. Die Möglichkeit, dass sich hinter dem Outlaw aus dem 13. Jahrhundert der adlige Earl of Huntington verbirgt, scheidet damit allerdings aus.

Vieles deutet darauf hin, dass es sich bei dem echten Robin Hood nur um einen in Ungnade gefallenen Gesetzlosen handelte, der sich den späteren Sheriff von Nottingham zum Feind machte und

Die Sheriffs in Robin Hoods Zeit waren hauptsächlich als Steuereintreiber für den König unterwegs und als Gesetzeshüter eher unbeliebt. Da sie für ihr Amt vom König nicht entlohnt wurden, hielten sie sich an der Bevölkerung schadlos.

Der Robin Hood der Legende – ein allgegenwärtiges Phantom und Inspiration für Generationen

sein Überleben von da an mit Überfällen auf reiche Bürger sichern musste. Ob der historische Robin nun aber tatsächlich von den Reichen nahm, um den Armen zu geben, sei dahingestellt. Der in den *Pipe Rolls* erwähnte Robin Hod hatte vielleicht nie die Möglichkeit, ein wahrer Volksheld zu werden – während der fiktionale Robin Hood alle Chancen genutzt hat, zu einer Legende aufzusteigen: Von der Literatur wird er in den Adelsstand erhoben, mit einer ebenbürtigen Liebschaft ausgestattet und schließlich zum Retter von König Löwenherz und damit ganz Englands gemacht.

Eine Legende also, die man erfinden müsste, wenn es sie nicht schon gäbe.
Und auch wenn ein Robin Hood vielleicht nicht so existiert hat, wie zahllose Geschichten ihn beschreiben, ist sein Name doch zum Sinnbild für alle edlen und bewundernswürdigen Gesetzesbrecher der nachfolgenden Jahrhunderte geworden. Als ein »moderner Robin Hood« wird ein Edelgauner bezeichnet, der die Reichen zugunsten der Armen bestiehlt. Manchmal genügt es aber auch schon, von den Reichen zu nehmen – und die Beute stilvoll zu verprassen. Wie es ein paar Landsleute Robin Hoods rund 700 Jahre später taten – und ebenfalls zu einer Legende wurden.

Der große Postraub von 1963

Kurz nach drei Uhr morgens, am 8. August 1963. Der königliche Postzug ist unterwegs auf seiner gewohnten Route von Glasgow nach London. Und er transportiert wertvolle Fracht: In den vorderen Wagons lagern Säcke mit Geldscheinen, während in den hinteren Wagen über 50 Postangestellte seelenruhig damit beschäftigt sind, Briefe zu sortieren. Keiner der Angestellten denkt sich etwas dabei, als der Zug in der Nähe von Cheddington einen außerplanmäßigen Stopp einlegt – das Haltesignal Sears Crossing steht auf Rot. Lokführer Jack Mills und Heizer David Whitby kommt dies seltsam vor; sie befinden sich noch etwa 30 Meilen von London entfernt, und auf der Strecke vor ihnen ist nichts zu sehen, was einen Halt erfordern würde. Trotzdem – Vorschrift ist Vorschrift – stoppen sie den Zug. Das ist der Auftakt zu einem der spektakulärsten Gaunerstücke der Gegenwart. Der Rest ist Legende, hierzulande bekannt als »Der große Postraub«.

Im Deutschen klingt das wenig spektakulär, doch die britische Bezeichnung *The Great Trainrobbery* verrät mehr über die Natur des ungeheuerlichen, wörtlich zu nehmenden Gaunerstücks: Warum klauen wir nicht gleich den ganzen Zug?

Die Beute: 2.631.684 britische Pfund, umgerechnet etwas mehr als sagenhafte 50 Millionen Euro.

Die Präzision, mit der der Raub ein Jahr lang bis ins Detail geplant und schließlich erfolgreich durchgeführt wird, ist in der bisherigen Kriminalgeschichte beispiellos und erinnert mehr an die bravourösen Coups aus Kinofilmen wie *Rififi* oder *Ocean's Eleven*. Und alles, was die realen Posträuber benötigten, um den Zug in ihre Gewalt zu bekommen, waren ein paar Spitzhacken, eine Batterie – und ein alter Handschuh. Kein Wunder also, dass der Postraub zu einem weltweiten Medienspektakel wurde und man die beteiligten Posträuber zu modernen »Robin Hoods« hochstilisierte.

Ein fast perfekter Überfall auf offener Strecke

Der Raub

Wie aber stoppt man einen vorbeirasenden Geldzug mit einem Handschuh? Ganz einfach. Eine Bande von etwa 15 Männern hält sich in dieser Nacht am Rande des Gleises auf. Einer von ihnen stülpt den Handschuh über die grüne Lampe des Signals. Dann verbinden sie das rote »Stop«-Licht mit der mitgebrachten Batterie. Auf diese Weise leuchtet das Signallicht auf, ohne dass es im Stellwerk zu einer Warnmeldung der Anlage kommt. Es ist etwa 3.05 Uhr, als der Zug mit quietschenden Rädern anhält. Ein halbes Dutzend Männer stürmt die Kabine der Lok, wo Lokführer Jack Mills heftig Widerstand leistet. Einer der Räuber – wer genau, ist bis heute umstritten – schlägt den Lokführer nieder. Der Plan: Ein für den Coup angeheuerter pensionierter Lokführer – auch seine Identität liegt bis heute im Dunkeln – soll den Zug weiterfahren. Doch der pensionierte Eisenbahner versagt, er bekommt die Lokomotive nicht mehr in Gang. Der ausgetüftelte Plan droht zu scheitern, doch dann schütteln die Räuber den halb bewusstlosen Mills wieder wach, drängen ihn auf den Führersitz und zwingen ihn, die Lokomotive wieder anrollen zu lassen.

Zwei weitere Posträuber haben in der Zwischenzeit die Kupplungen zwischen dem zweiten und dritten Waggon gelöst. Die Spitze des Zuges mit den Geldwaggons rollt weiter durch die Nacht – während die Postangestellten in den abgehängten Waggons ahnungslos ihre Briefe sortieren.

Für die Nachwelt: Einer der Waggons aus dem Raubzug ist heute ein Ausstellungsstück im Eisenbahnmuseum von Birmingham. So bleibt die Legende weiter lebendig.

Die Weiterfahrt des vorderen Zugteils endet nach etwas mehr als einem Kilometer. Hier, an der Bridego-Eisenbahnbrücke, kreuzt die Bahnlinie die Landstraße, auf der bereits mehrere Fahrzeuge warten. Mit Äxten und Spitzhacken bewaffnet, brechen die Räuber den Waggon auf. Und sie haben Glück: Der eigentliche Hochsicherheitswaggon wird gerade in der Werkstatt generalüberholt und ist durch einen regulären Waggon ersetzt worden, der viel leichter zu knacken ist. Mit dem Werkzeug, das sie grade noch zum Aufbrechen der Türen verwendet haben, halten die Räuber nun das Wachpersonal in Schach. Bei dem ganzen Überfall kommt keine einzige Schusswaffe zum Einsatz.

Und ein weiteres Mal haben die Gangster Glück. In den 128 Postsäcken befindet sich an diesem Tag mehr Geld als sonst. Die Täter bilden eine Menschenkette die Böschung hinab und verstauen blitzschnell die Postsäcke, bevor sie mit den unbeleuchteten Fahrzeugen in der Dunkelheit verschwinden. Der ganze Spuk dauert gerade einmal 15 Minuten.

Als die überrumpelten Sicherheitsleute Hilfe anfordern wollen, sind die Leitungen tot. Die Räuber haben vorsorglich die Telefondrähte gekappt. Erst um fünf Uhr morgens trifft schließlich die Polizei am Tatort ein – zu diesem Zeitpunkt sind die Gauner auf einem angemieteten Bauernhof,

Der einzige »Sündenfall«: Lokführer Mills wird niedergeschlagen und schwer verletzt

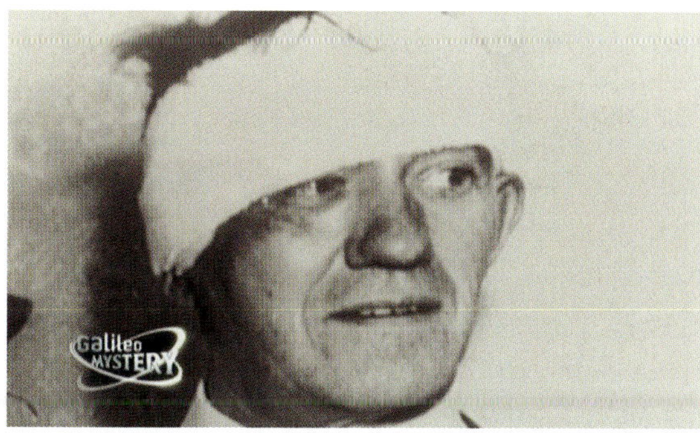

Die Polizei fahndet bereits – während die Gangster noch Monopoly spielen

der Leatherslade Farm, bereits mit dem Zählen der Beute beschäftigt. Mehr noch: Übermütig und im Triumphtaumel benutzen sie einen Teil des erbeuteten Geldes, um damit Monopoly zu spielen. Eine Kinderei, die später dazu beitragen wird, ihr Schicksal zu besiegeln.

Die Fahndung

Die eintreffende Polizei steht vor einem Rätsel. Unter den Beamten ist auch ein Polizist namens Jack Slipper von Scotland Yard – die Jagd nach dem Prominentesten unter den Posträubern wird ihn fast für den Rest seines Lebens beschäftigen. Klar ist zunächst nur, dass es sich um eine relativ große Gruppe von Männern handeln muss, doch die Täter waren maskiert und trugen Handschuhe. Die Suche nach Fingerabdrücken oder Fahrzeugspuren der Fluchtautos: eine Sackgasse. Aber eine so große Gruppe von Kriminellen kann nicht einfach einen Zug überfallen und spurlos verschwinden. Irgendjemand *muss* etwas gesehen haben. Die Bevölkerung wird um Mithilfe gebeten; als Anreiz für »sachdienliche Hinweise«, die zur Ergreifung der Räuber führen, winkt eine stattliche Belohnung. Innerhalb weniger Tage steigt diese Belohnung auf den enormen Betrag von 200.000 Pfund.

Die Höhe der Belohnung ist größer als der Anteil eines einzelnen Posträubers.

Die Rückmeldung aus der Bevölkerung ist enorm. So enorm, dass der Hinweis eines benachbarten Landwirts auf die neuen Mieter der Leatherslade Farm zunächst untergeht. Als die Polizei den Hof am 13. August, also ganze fünf Tage nach dem Überfall, endlich unter die Lupe nimmt, sind die

Gauner längst ausgeflogen und die zurückgebliebenen Postsäcke leer. Doch der kindliche Übermut der Raubnacht wird den Posträubern zum Verhängnis.
Einige der Posträuber sind bereits wegen diverser kleinerer Verbrechen vorbestraft und werden in der Verbrecherkartei geführt. Das Netz um die Posträuber zieht sich zu.

Ausgerechnet auf dem Monopolybrett finden die Fahnder Fingerabdrücke.

Auf der Flucht

Bereits am 14. August kommt es zur ersten Festnahme. In Bournemouth werden zwei Männer namens Roger Cordrey und Bill Boal verhaftet. Letzterer ist mit großer Wahrscheinlichkeit keiner der Posträuber, jedoch ein Mitwisser. Die Polizei stellt bei den beiden die nicht gerade kleine Summe von 141.000 Pfund sicher.
Im Laufe der nächsten Wochen und Monate häufen sich die Erfolge.
In der Nähe von Dorking werden eine Sporttasche

Die Anklage gegen die Posträuber lautete auf Diebstahl der Postsäcke – nicht des darin transportierten Geldes. So konnte das Gericht vermeiden, alle Eigentümer des Geldes in die direkte Beweisaufnahme einzubeziehen, nämlich 50 verschiedene Banken.

Verhaftet! Aber wo ist das Geld?

as it hurtled towards me. I stood confidently, 'the youngest Major in the British Army' (a friend's joke – I'd gone absent without leave within days of starting National Service in the Royal Army Medical Corps) and felt my stomach turn.

second I had a vision of the bad old days in prison being kicked to death by a handful of sadistic screws in a cell with a blood-stained floor. It passed just as quickly as it came and I sent the signal for the final act.

'This is it! This is it! This is it!'

throwing away the stub of my cig… Paddy was waiting, a cool grin … his face. 'Okay, we've stopped it.'

Driving back towards Bride… Bridge, we saw the stationary En… lish Electric locomotive a few hu… dred yards away with its fu…

What happened to the money?

ONLY £336,000 of the record haul was ever recovered. So what happened to the rest?

The 17 principal gang members each received £150,000 — equivalent to the biggest football pools win of the day. For years afterwards, as we languished in prison, the public believed that this impossible fortune had been hidden and was just waiting to be found. [illegible] Not so, [illegible] was eaten away by lega[illegible] [illegible]spe… plans, minders and life on the run. By the time I was captured, only £6,000 remained of my whack, and that was invested with a friend in Mexico. The rest had been spent on false passports, airline flights, safe houses and living the good life.

Some of us were ruthlessly ripped off by underworld contacts. Paddy had all his money stolen prior to his arrest, and Gordon, Roy and Jimmy suffered at the hands of unscrupulous minders. Others, such as Jim Hussey, Tommy Wisbey and Buster, fell victim to bad business investments and bookmakers.

The only significant recoveries by police were £140,000 from Roger Cordrey, £100,000 dumped in a Dorking wood and £50,000 found in a telephone box in Great Dover Street, South London, after an anonymous tip-off.

It was a 'sweetener' from Alf Thomas, who was trying to negotiate some sort of deal to escape arrest.

und ein Koffer gefunden, beide randvoll mit Geldscheinen im Wert von insgesamt 100.000 Pfund. Dazu die alte Hotelrechnung eines Ehepaares namens Field. Weitere 30.440 Pfund stellt die Polizei auf einem Campingplatz sicher, nur vier Meilen vom Tatort entfernt. Vom unrechtmäßigen Besitzer, Jimmy White, fehlt jedoch jede Spur.

Nach den beiden ersten Festnahmen folgt in den nächsten Wochen die Ergreifung von Charlie Wilson, Ronnie Biggs, James Hussey, Thomas Wisbey, Leonard und Brian Field, John Wheater, Gordon Goody, John Daly und Roy James. Durch einen anonymen Hinweis findet Scotland Yard in einer Telefonzelle in London außerdem einen Sack mit 47.245 Pfund.

Gefahndet wird zu diesem Zeitpunkt noch immer nach Jimmy White und Bruce Reynolds, hinter dem man den Kopf der Bande vermutet. Die Polizei geht nun, abgesehen von Strohmännern und Helfern, von fünfzehn oder sechzehn direkt am Raub beteiligten Männern aus. Bis heute sind nicht alle bekannt. Ganz im Stil von Gentlemen-Gangstern haben sich die gefassten Posträuber über die Namen ihrer Komplizen ausgeschwiegen. Ehre unter Dieben.

Hartes Urteil

Am 20. Januar 1964 beginnt in Aylesbury der bis dato größte Prozess der britischen Justizgeschichte. Insgesamt stehen 20 Angeklagte vor Gericht, von den Hauptverdächtigen bis zu vermuteten Mitwissern. Die beiden Anklagepunkte: Verschwörung zum Postraub und Raub von Postsäcken.

Als die Verhandlung schließlich zu Ende geht, ist die Welt geschockt. Richter Davies, ohnehin für seinen harten Kurs bekannt, verhängt gegen sieben der Hauptverdächtigen (Wilson, Wisbey, Hussey, James, Goody, Welch und Biggs) eine dreißigjährige Haftstrafe. Boal soll für 24 Jahre hinter Gitter, und Cordrey, der als Einziger für

Stoff fürs Kino: 1965 wurde die Geschichte des Postraubs erstmals verfilmt, im deutschen Dreiteiler *Die Gentlemen bitten zur Kasse*. Mit dabei war »Derrick« Horst Tappert als Kopf der Bande. Die Sehbeteiligung von 90 Prozent bescherte dem deutschen Fernsehen die bis dahin höchste Quote der Fernsehgeschichte.

»schuldig« plädiert hat, erhält 20 Jahre. Auch Leonard und Brian Field, die Strohmänner für die Anmietung der Farm, werden zunächst zu 25 Jahren Gefängnis verurteilt. Lediglich Daly hat Glück – man spricht ihn aus Mangel an Beweisen frei, obwohl er nach heutigem Wissen ziemlich sicher aktiv am Postraub beteiligt war. Das hohe Strafmaß begründete Richter Davies vor allem mit dem brutalen Angriff auf den Lokführer Jack Mills, der dabei eine schwere Gehirnerschütterung erlitt.

Massenproteste und Sympathiebekundungen

Dank ihres außergewöhnlichen Coups genießen die Räuber eine gewisse Beliebtheit in der Bevölkerung. Der durch die große Beute finanzierte ausschweifende Lebensstil bringt ihnen auch die Bezeichnung »Gentlemen-Verbrecher« ein – genau wie ihr Ehrenkodex, der es ihnen verbietet, sich gegenseitig zu belasten.

Allerdings muss man heute davon ausgehen, dass auch die länger flüchtigen Räuber Biggs, Reynolds, Edwards und Wilson nicht wirklich die Muße hatten, ihre Beute zu verprassen. Ein großer Teil des Geldes dürfte für die letztlich vergeblichen Fluchtpläne ausgegeben worden sein. Aus den später erschienenen Memoiren verschiedener Beteiligter geht überdies hervor, dass sie auf der Flucht vor der Polizei hohe Bestechungsgelder zahlen mussten – oder selbst bestohlen wurden. Ein erfolgreicher Gauner zieht eben viele gierige Kleinkriminelle an. So viel zur tatsächlichen Ehre unter Dieben.

Von den über zweieinhalb Millionen Pfund aus der Beute konnten in jedem Fall nur rund 330.000 sichergestellt werden. Selbst wenn in irgendeinem Geheimversteck noch ein Teil der Beute lagert – nach der britischen Währungsreform des Jahres 1970 wäre dieses Beutegeld heute wertlos.

So oder so, die letztlich erfolglosen Posträuber stiegen in der öffentlichen Meinung dank ihres Husarenstücks bald zu modernen Robin Hoods auf; zwar teilten sie ihre Beute nicht mit den Armen, aber zumindest die Tatsache, dass sie einige Großbanken des Landes um ein Vermögen erleichtert hatten, weckte in vielen Menschen Sympathie für die Ganoven. Proteste gegen die »übertrieben« langen Haftstrafen wurden

laut, und tatsächlich hat man allen Teilnehmern des Raubes außer den Hauptverdächtigen später ein Berufungsverfahren gewährt – mit drastischer Reduzierung des Strafmaßes. In den 70er-Jahren führte eine Reform des Strafrechts zu einer Herabsetzung der 30-jährigen Strafen auf 11 Jahre.
Damit könnte die Geschichte des großen Postraubes beendet sein – doch für einige der Beteiligten fängt sie an dieser Stelle gerade erst an. Einer der Männer wird im Laufe der nächsten Jahrzehnte sogar zu einer Art Popstar aufsteigen. Denn egal, wie hoch die Strafe ist – einige der Gentlemen denken gar nicht daran, sie abzusitzen und schmieden bereits eifrig Fluchtpläne.

Flucht aus dem Gefängnis

Bereits ein paar Monate nach der Verurteilung gelingt Charlie Wilson die Flucht aus dem Gefängnis. Drei angeheuerte Helfer überfallen den Wärter, nehmen ihm den Schlüssel ab und fliehen mit Strickleitern über die Gefängnismauer. Wilson lebt bis 1968 unbehelligt und unerkannt in Ka-

Bruce Reynolds und Buster Edwards

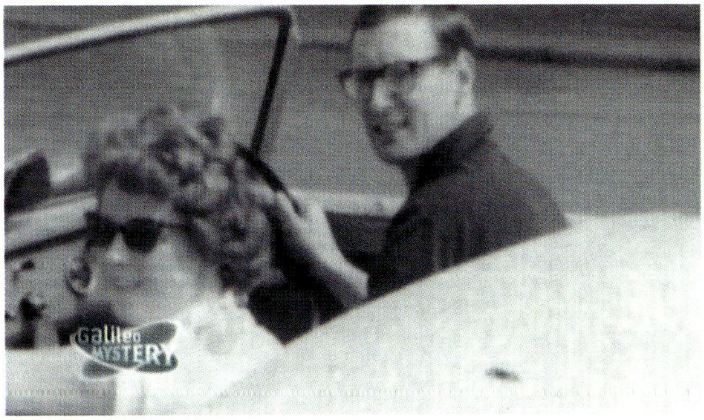

Ronnie Biggs: Das süße Leben finanziert durch seine Berühmtheit.

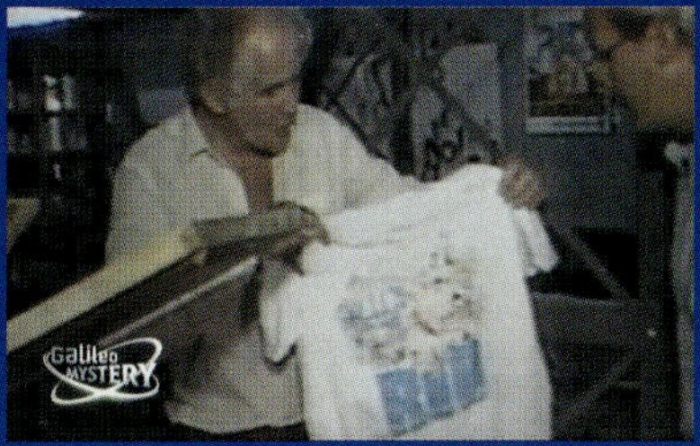

nada; erst ein unvorsichtiger Anruf seiner Frau bei ihren Eltern in England führt zu seiner erneuten Verhaftung.

Bruce Reynolds und Buster Edwards können sich zunächst ihrer Verhaftung entziehen. Reynolds flüchtet nach Mexiko, wo er eine Zeit lang zusammen mit Buster Edwards lebt. Als Reynolds 1968 wieder englischen Boden betritt, ist es aus mit seiner Freiheit. Er sitzt bis 1978 im Gefängnis ein. Buster Edwards hat es bereits zuvor aus Heimweh nach England zurückgezogen – Verhaftung inklusive. Nach Verbüßung seiner Strafe arbeitet er als Blumenverkäufer in seinem Laden an der Londoner Waterloo Station. Edwards wird zum Titelhelden des Hollywood-Films *Buster* aus dem Jahre 1988, mit Phil Collins in der Hauptrolle.

Ronald Biggs – beim eigentlichen Coup eher eine Nebenfigur – macht sich in den folgenden Jahren auf einem ihm bis dahin unvertrauten Gebiet einen ziemlichen Namen. Zunächst gelingt ihm der Ausbruch aus dem Londoner Gefängnis mittels eines Möbelwagens mit Hebebühne. Dann ist er dreißig Jahre lang auf der Flucht. Mit dem Auto schafft er es von London über Antwerpen bis nach Paris, wo er sich einer Gesichtsoperation unterzieht. Danach flüchtet Biggs für einige ruhige Jahre nach Australien, bevor es ihn nach Brasilien zieht, wo er angeblich mit läppischen zweihundert Pfund in der Tasche ankommt. Im Jahr 1974 wird er in Rio de Janeiro ausfindig gemacht. Die britischen Behörden verlangen seine Auslieferung, doch es gibt ein Problem: Eine brasilianische Staatsbürgerin, eine Club-Tänzerin namens Raimunda de Castro, erwartet inzwischen ein Kind von Biggs. Nach brasilianischem Recht darf Biggs nun nicht mehr an England überstellt werden. Doch auch für Biggs bringt die Entlarvung Probleme mit sich. Als zweifelsfreier Verbrecher ist es ihm nicht mehr erlaubt, in Brasilien zu arbeiten. Das hat Folgen: Der ehemalige Posträuber, inzwischen völlig mittellos, verdient sein Geld damit, dass er T-Shirts und Kaffeebecher mit seinem Konterfei darauf verkauft. Und wer immer das Vergnügen genießen will, mit einem echten Posträuber zu frühstücken, kann dies tun – gegen eine Gebühr von 60 Dollar.

Doch das aufreibende Leben des Ronald Biggs fordert seinen Tribut. Nach mehreren Schlaganfällen erklärt der sangesfreudige Posträuber sich

Hitparadenstürmer: Posträuber Biggs beutete seine Popularität als moderner Robin Hood aus – konnte sie mit Unterstützung aus der Musikszene sogar noch steigern. Die legendäre Punk-Band Sex Pistols nahm mit Biggs das Lied *No One is Innocent* auf, und noch im Jahr 1991 bekam Biggs in Rio Besuch von der deutschen Punk-Truppe Die Toten Hosen, mit denen er das Stück *Carnival in Rio* einspielte.

1971 bereit, nach England zurückzukehren. Die Boulevard-Zeitung *The Sun* finanziert Biggs den Rückflug und zahlt ihm 20.000 Pfund an »Auslagen«. Bei seiner Ankunft in England wird Biggs sofort verhaftet und sitzt bis heute ein – bei zunehmend schwächerer Gesundheit.

Die 70er-Jahre: Biggs zeigt, was er von der Polizei hält. Die Gegenwart: Biggs letztes Zuhause: ein Gefängnis bei London

Verbrechen lohnt sich eben nicht immer – und nicht alle berühmten Ganoven und Gesetzesbrecher erreichen ihre Popularität über die heimliche Bewunderung ihrer Zeitgenossen. Andere Verbrecher werden zu düsteren Legenden, weil sie eben nicht unsere romantischen Wünsche nach Freiheit und Abenteuer repräsentieren – sondern unsere furchtbarsten Albträume. Das trifft zum Beispiel auf jenen britischen Lustmörder zu, dessen Name uns auch hundert Jahre nach seinen Morden noch erschauern lässt … (siehe Seite 87ff.).

GEISTERSCHIFFE

SCHRECKEN DER WELTMEERE

Galileo MYSTERY

Eine Seeschlange verschlingt Matrosen, nach einem mittelalterlichen Stich

Der Ozean. Mit seinen endlosen Weiten beflügelt er seit Urzeiten die Fantasie der Menschen, lockt mit der Aussicht auf unbekannte Länder, Abenteuer und versunkene Schätze. Aber die Verheißungen der Weltmeere waren auch schon immer mit unauslotbaren Gefahren verbunden:

***Hier seyen Monster*, warnten die frühen Seekarten des Mittelalters**

– glaubte man doch, dass die Ränder der flachen Erde von unheimlichen Kreaturen bewacht wurden. Ähnliche Wesen bevölkerten in der Vorstellung der Menschen auch die Untiefen der Meere: Seeungeheuer, Riesenkraken und andere Geschöpfe lauerten in der feuchten Finsternis, so hieß es, rissen Seeleute und ganze Schiffe ins Verderben.

Atlantik und Pazifik, Indischer Ozean und Karibik, Mittelmeer, Gelbes Meer und Ostsee – die sieben Weltmeere waren schon immer ein gefährliches Gelände. Manch einer, der sich hinauswagte, wurde reich belohnt, andere zahlten mit ihrem Leben – oder erlitten ein noch schlimmeres Schicksal. Nicht nur unheimliche Monster bevölkern die Legenden der Weltmeere – sie erzählen auch von unheimlichen, verfluchten Schiffen, mit Mannschaften, die dazu verdammt sind, bis zum Ende aller Tage über die Ozeane zu geistern – unfähig, jemals einen erlösenden Hafen anzulaufen.

Der Fliegende Holländer

Das bekannteste dieser Geisterschiffe ist sicher der sagenumwobene *Fliegende Holländer*. Er hat den Komponisten Richard Wagner zu seiner gleichnamigen Oper inspiriert und in zahllosen Erzählungen, Büchern und Filmen bis heute die Fantasie der Menschen beflügelt.

Im Jahre 1641 soll es gewesen sein, so berichtet die älteste Legende um den *Fliegenden Hollän-*

der, dass der niederländische Kapitän Bernard Fokke versuchte, mit seinem Schiff das Kap der Guten Hoffnung an der Südspitze Afrikas zu umsegeln. Doch widrige Winde, Stürme und eine raue See vereitelten sein Vorhaben. Zermürbt durch die wochenlangen Strapazen, wollte Kapitän Fokkes Mannschaft entmutigt aufgeben, aber der war ein jähzorniger Mann. Wütend trotzte er dem Sturm, verfluchte Gott und die Gezeiten und schwor, nicht eher zu ruhen, bis es ihm gelänge, das Kap zu umrunden – und wenn es bis zum Jüngsten Tage dauern sollte. Die Strafe für die Gotteslästerung folgte auf dem Fuße. Von diesem Tag an waren der Kapitän und seine Mannschaft dazu verdammt, auf ihrem Geisterschiff für alle Ewigkeit die Weltmeere zu durchkreuzen. Und wer immer die fahlen Segel des Geisterschiffes sieht, ist selbst dem Untergang geweiht.

Nichts als jahrhundertealtes Seemannsgarn? Wohl doch ein bisschen mehr. Bis in die heutige Zeit gibt es immer wieder Berichte über scheinbar herrenlos dahintreibende Schiffe, die phantomhaft leuchtend aus dem Nichts auftauchen – und sich dann wieder in Luft auflösen. Viele dieser Sichtungen entspringen nicht nur einer allzu blühenden Fantasie abergläubischer Seeleute, sondern sind das Produkt seltener Luftspiegelungen: Ähnlich wie in der heißen Wüste kann es auch auf hoher See, bei Windstille und dem Zusammentreffen kalter und warmer Luftschichten, zu einer Art nautischer »Fata Morgana« kommen. Dabei erscheint das flimmernde Abbild eines eigentlich viel weiter entfernten Schiffes plötzlich über dem Meeresspiegel – und verschwindet nach einiger Zeit wieder so plötzlich, wie es aufgetaucht ist. Die Seefahrer früherer Jahrhunderte nannten dieses Phänomen tatsächlich »Fliegender Holländer«, in Anspielung auf die uralte Schauergeschichte.

Doch nicht alle Geisterschiffe gehören dem Reich der Legenden an oder lassen sich mit einer optischen Täuschung erklären. Bis in unsere Tage werden auf den schier unendlichen Weiten der Weltmeere immer wieder Schiffe gefunden, die verlassen durch die Wellen treiben, während von Passagieren und Mannschaft jede Spur fehlt. Eines dieser Schiffe kann es an Berühmtheit fast mit dem legendären *Fliegenden Holländer* aufnehmen. Ihr Name – die *Mary Celeste*.

Benjamin Briggs, Kapitän der Mary Celeste

5. Dezember 1872

Der Dreimaster *Dei Gratia* kreuzte ruhig vor der Küste der Azoren, als die Mannschaft am Horizont ein scheinbar führerloses Schiff entdeckte. Die *Mary Celeste*. Zwei Stunden lang beobachteten die Besatzungsmitglieder der *Dei Gratia* das Schiff, doch auch als sie sich vorsichtig immer weiter näherten, war an Bord keine Spur einer lebenden Seele zu sehen. Seelenruhig trieb die *Mary Celeste* über die Wellen, scheinbar unbeschädigt und ohne jegliche Notbeflaggung. Aber wo war die Besatzung? Kapitän Morehouse von der *Dei Gratia* hatte das Schiff zu diesem Zeitpunkt längst erkannt, denn Kapitän Briggs, der Kommandeur der *Mary Celeste*, war ein guter Bekannter von ihm.

Kapitän Morehouse und seine Besatzung beobachten die herrenlose Mary Celeste

Geisterhafte Erscheinung am Horizont

Geisterschiff
Mary Celeste

Und Briggs genoss einen ausgezeichneten Ruf als guter und verantwortungsbewusster Seemann. Aber wo war er? Wo war die Mannschaft, und warum reagierte sie nicht auf die Flaggensignale der *Dei Gratia*?
Der Chefingenieur der *Dei Gratia*, ein gewisser Oliver Deveau, schlug Kapitän Morehouse vor, ein Erkundungskommando loszuschicken, und Morehouse stimmte zu.

Begleitet von zwei Matrosen setzte Deveau zur *Mary Celeste* über. Er betrat ein Geisterschiff: Von Kapitän Briggs und seiner siebenköpfigen Besatzung keine Spur, ebenso wenig wie von Briggs Ehefrau Sarah Elizabeth und der gemeinsamen, zweijährigen Tochter Sophia Matilda – Kapitän Briggs hatte seine Familie auf die nicht übermäßig lange Frachtfahrt mitgenommen.

»Ein durchnässtes Durcheinander«

Wohin um alles in der Welt waren die insgesamt zehn Seelen an Bord verschwunden? Deveau fand eine ganze Anzahl seltsamer Spuren, die aber keinen Sinn zu ergeben schienen: Zwischen den Decks hatte sich eine größere Menge Wasser gesammelt, eine der Pumpen funktionierte nicht mehr und das ganze Schiff war, nach Deveaus eigenen Worten, »ein völlig durchnässtes Durcheinander«. Diverse Türen standen offen, und in der Schiffskombüse hatte es einen Ofen aus seiner Verankerung gerissen. Außerdem fehlten der Sextant und das Chronometer, das einzige Rettungsboot war ebenfalls verschwunden. Im Frachtraum der *Mary Celeste* befanden sich 1701 Fässer mit Ethanol, die bis auf neun leere Fässer völlig intakt waren.

Ein unheimliches Szenario – und dazu eines, das keinerlei Sinn ergab. Wie war das Wasser in das Schiff gekommen, weshalb fehlten überlebenswichtige nautische Instrumente, was hatte den schweren Schiffsofen aus seiner Verankerung ge-

Unglücksschiff: Die *Mary Celeste* segelte noch nie unter einem guten Stern. Erbaut wurde sie bereits im Jahr 1861 und durchkreuzte zunächst unter dem Namen *The Amazon* die Meere. Doch ihr erster Kapitän verstarb schon während der Jungfernfahrt an Bord, später kollidierte die *Amazon* mit einem anderen Schiff. Um die Pechsträhne zu brechen, wurde die *Amazon* schließlich in *Mary Celeste* umgetauft. Lange Jahre verrichtete sie ohne größere Zwischenfälle ihren Dienst. Bis zu jenem schicksalhaften Dezember des Jahres 1872 ...

rissen? Wir können nur vermuten, dass Deveaus Begleiter das Wirken übersinnlicher Mächte argwöhnte und das vermeintliche »Geisterschiff« so schnell wie möglich verlassen wollte – doch Deveau hatte andere Pläne.

Ein wertvolles Geisterschiff

Nach dem damals geltenden Seerecht gehörten jedem, der ein herrenlos treibendes Schiff barg und zum nächsten Hafen brachte, fünfzig Prozent der Versicherungssumme. Die *Mary Celeste* war ein relativ neues Schiff, der industrielle Alkohol im Laderaum von beträchtlichem Wert. Morehouse, der Befehlshaber der *Dei Gratia*, erlaubte Deveau, die *Mary Celeste* mit zwei anderen Männern nach Gibraltar zu segeln. Ein kühnes Vorhaben – der Zweimaster *Mary Celeste* maß 31 Meter in der Länge; ihn mit nur drei Seeleuten durch die Winterstürme zu steuern, war ein erhebliches Wagnis. Doch Deveau und seine beiden Männern gelang die Überführung ohne weitere Zwischenfälle. Ausgerechnet an einem Freitag, dem 13. erreichte die *Mary Celeste* den sicheren Hafen von Gibraltar. Deveau und seine Begleiter wurden von der Admiralität zunächst für ihren umsichtigen Einsatz gelobt – aber schon bald darauf sollte sich auch für sie die *Mary Celeste* als ein Unglücksschiff erweisen.

Vom Helden zum Piraten

Die Untersuchungskommission, die sich mit dem rätselhaften Schicksal der Crew der *Mary Celeste* befasste, stand vor einem Rätsel. Dabei war die Reise des Zweimasters bis zum Verschwinden der Besatzung mitten auf hoher See bestens dokumentiert. Die *Mary Celeste* war am 15. November 1872 aus dem Hafen von New York Richtung Genua ausgelaufen. Laut Ladeverzeichnis hatte sie exakt 1701 Fässer mit Ethanol, industriellem Alkohol der Firma Meissner, Ackermann & Co, an Bord, im Gesamtwert von 36.943 US-Dollar, nach heutiger Rechnung entspricht das etwa 570.000 Dollar.

Das später geborgene Logbuch von Kapitän Briggs verzeichnet eine normale Reise, ohne besondere Vorkommnisse – bis es am 24. November plötzlich abbricht. Erst elf Tage später wird die *Mary Celeste* von der *Dei Gratia* geborgen. Trieb sie fast zwei Wochen lang führerlos über den Ozean? Und keine Spuren von Kapitän Briggs, seiner Familie und der Mannschaft.
Die naheliegenste Vermutung – ein Verbrechen auf hoher See – wurde schon damals weitgehend

Zeitgenössischer Stich der Mary Celeste

Das Manifest des Schiffes

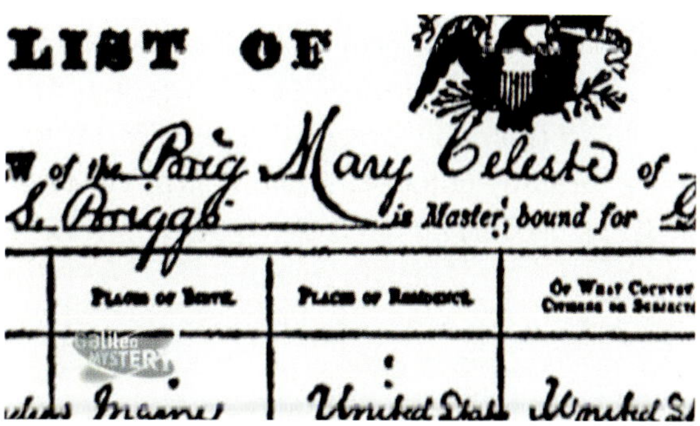

ausgeschlossen: Eine Meuterei schien wenig wahrscheinlich, dazu war die geplante Reise der *Mary Celeste* entschieden zu kurz, Kapitän Briggs ein zu beliebter Kommandant. Doch immerhin, die *Mary Celeste* transportierte fässerweise Ethanol – hatte die Mannschaft sich damit betrunken und ihren Kapitän und dessen Familie im Rausch ermordet? Wieder eine unwahrscheinliche Annahme. Ethanol ist kaum zum Genuss geeignet. Hätten die sieben Seemänner davon getrunken, wären sie wahrscheinlich eher selbst einer Alkoholvergiftung zum Opfer gefallen.

Hat das Ethanol etwas mit dem Tod der Besatzung zu tun?

Auch ein Piratenüberfall schied aus – bis auf neun leere Fässer wies die Ladung der *Mary Celeste* keine Zeichen der Versehrung auf.

War die Besatzung des Schiffes einer Lebensmittelvergiftung erlegen? Das kam ebenfalls nicht in Betracht, man hätte dann an Bord Leichen finden müssen. Zudem aßen auch Deveau und seine Mannschaft auf der Weiterfahrt nach Genua von den an Bord befindlichen Lebensmittelvorräten – ohne jede Spur von Vergiftungserscheinungen.

Bleibt also nur die Erklärung durch eine Naturkatastrophe. An der Stelle, an der die *Mary Celeste* aufgebracht wurde, treffen tief unter dem Ozean drei Kontinentalplatten aufeinander. Schon eine geringe Verschiebung dieser Platten kann ein gewaltiges Seebeben auslösen, aus dem Nichts heraus furchtbare Wellen hervorbringen, die ein Schiff wie Hammerschläge treffen und versenken können. Ein solches Seebeben oder ein plötzlicher heftiger Sturm wären eine mögliche Erklärung dafür, wie das Wasser in das Innere der *Mary Celeste* gelangte. Auch der schwere Ofen in der Kombüse hätte durch eine solche Urgewalt aus seiner Verankerung gerissen werden können. Klingt plausibel – doch was war mit der Mannschaft geschehen? Hatte sie sich aus Furcht vor einem drohenden Untergang in das Rettungsboot geflüchtet? Wohl eher nicht: Das sicherste Rettungsboot, so lautet eine alte Seemansregel, ist das eigene Schiff. Erst recht bei stürmischer See. Ein erfahrener Kapitän wie Briggs hätte das Leben seiner Mannschaft – und das seiner Frau und Tochter – niemals mit einer solchen Dummheit aufs Spiel gesetzt.

Doppelt falsches Spiel

Für die damalige Untersuchungskommission stand fest: Beim Verschwinden der Besatzung der *Mary Celeste* konnte es nicht mit rechten Dingen zugegangen sein. Doch es waren keine übernatürlichen Mächte, die man dafür verantwortlich machte, sondern Oliver Deveau und seine Männer. Ein furchtbarer Verdacht kam auf: Gerade noch als Helden gefeiert, gerieten sie nun in den Ruch, Piraten zu sein. Laut den Gerichtsakten war die *Mary Celeste* trotz unruhiger See elf Tage und fast 500 Meilen lang auf dem vorgesehenen Kurs geblieben. Wie konnte so etwas möglich sein? Vielleicht, weil der Zweimaster gar nicht steuerlos gewesen war, als er von Deveau und seinen beiden Begleitern betreten wurde? Waren Kapitän Briggs, seine Familie und seine Crew von Deveau und seinen Leuten ermordet worden, weil Deveau es auf die Bergungsprämie abgesehen hatte? Immerhin, ihm standen 50 Prozent von umgerechnet 570.000 Dollar zu. Und ein Überfall auf die ahnungslose Crew würde auch das Verschwinden der Leichen erklären.

Eine ungeheuerliche Anschuldigung – und das war noch nicht alles. Tatsächlich wurde in der Koje von Kapitän Briggs ein Säbel gefunden, auf dem

Oliver Deveau vor Gericht

Der befleckte Säbel – ein Beweisstück?

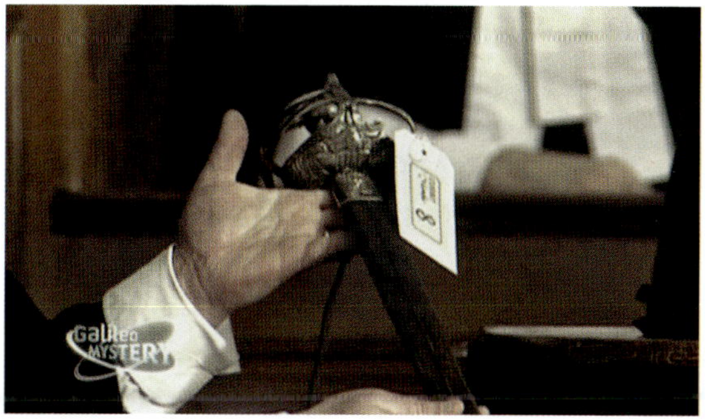

sich braune Flecken befanden. Getrocknetes Blut? Das Blut des Kapitäns und seiner Familie? Die Gerichtsmedizin des 19. Jahrhunderts war zwar bei Weitem noch nicht so technisiert wie heute, doch schon damals gab es Methoden, um menschliches Blut nachzuweisen. Wasserstoffperoxid, auf eine vermeintliche Blutspur getropft, reagiert auf das Eiweiß im Blut und beginnt in einer heftigen Reaktion zu schäumen. Aber zum Glück für Deveau und seine Männer fiel der Bluttest negativ aus: Was immer die braunen Flecken auf der Säbelklinge hervorgerufen hatte – menschliches Blut war es nicht.

Der ermittelnde Staatsanwalt blieb skeptisch, doch dem Richter reichten die Beweise gegen Deveau – einen als rechtschaffenden Mann bekannten Offizier – nicht aus. Das Urteil: Freispruch.

Deveau hatte dennoch keinen Grund zum Jubeln. Das Schicksal der Besatzung der *Mary Celeste* blieb ungeklärt, Deveaus guter Ruf war für immer ruiniert. Und als »Strafe« für das nie nachgewiesene Verbrechen erhielten Deveau und seine beiden mutigen Begleiter nur eine Bergeprämie, die weit unter den üblichen fünfzig Prozent lag.

Und so ist es nicht unwahrscheinlich, dass niemand anderer als die Versicherungsgesellschaft hinter den ungeheuren Anschuldigungen gegen Deveau stand – hätte ihm ein Verbrechen nachgewiesen werden können, so hätten die Versicherer natürlich keine Prämie zu zahlen brauchen. Deveau und seine Männer hatten ihr Leben mit der Überführung der *Mary Celeste* also fast umsonst riskiert und überdies auch noch mit ihrem guten Ruf bezahlt.

Ein Unglück kommt selten allein

Doch wenn ein Verbrechen und Naturgewalten ausscheiden – haben dann nicht vielleicht doch übernatürliche Mächte Kapitänsfamilie und Schiffsmannschaft verschwinden lassen? Was immer auch dahintersteckte, das Schicksal der *Mary Celeste* regte weiter die Fantasie der Menschen an. Kein Geringerer als Arthur Conan Doyle, der spätere Erfinder von Sherlock Holmes,

The Captain of the Polstar nannte Arthur Conan Doyle sein Buch, in dem der *Mary Celeste* eine Kurzgeschichte gewidmet war. Doyle verwendete darin einige Tatsachen, die vom Unglücksschiff bekannt geworden waren, und spann darum ein unheimliches Schauerstück. Viele Details über die angebliche Geschichte der *Mary Celeste* – etwa die Behauptung, die Teetassen an Bord des Schiffes seien noch warm gewesen, als der Bergungstrupp an Bord kam – entstammten der Phantasie des Schriftstellers. Ende des vorletzten Jahrhunderts wurden dann viele fiktive Elemente aus Doyles Erzählung von der Sensationspresse als Tatsachen verkauft. Eine Legende war geboren.

damals noch ein junger, aufstrebender Autor, verfasste eine unheimliche Kurzgeschichte, in der er die Geschehnisse um die *Mary Celeste* (bei ihm *Marie Céleste* genannt) meisterhaft ausschmückte und so dazu beitrug, dass aus dem Zweimaster eines der legendärsten Geisterschiffe der Welt wurde.

Es wirkt wie eine Ironie des Schicksals, dass das wirkliche Geschehen an Bord der *Mary Celeste* wohl nur mit einer Beweiskette zu erklären ist, die tatsächlich der Kombinationsgabe eines Sherlock Holmes würdig wäre. Dabei lag die Lösung des Rätsels die ganze Zeit offen vor aller Augen. Nicht Seebeben, Piraten oder Seuchen besiegelten das Unglück der *Mary Celeste* – sondern ihre eigene Ladung und eine Verkettung widriger Umstände. Aus heutiger Sicht und unter Einbeziehung aller bekannten Fakten lässt sich der Verbleib der Mannschaft schlüssig erklären:

Als die *Mary Celeste* das Azoren-Gebiet erreichte, hatte sie bereits seit zwei Wochen gegen heftigen Seegang ankämpfen müssen. Die Ladung mit flüchtigem Ethanol war zwar gut befestigt, doch trotzdem wurden neun der Fässer leicht beschädigt. Das Ethanol trat aus, sammelte sich im tiefsten Punkt des Schiffes – der Bilge – und verdampfte dort schließlich. Normalerweise wurden die Frachtluken immer wieder geöffnet, damit entwichene Alkoholgase aus dem Schiff abziehen konnten, doch bei dem schweren Seegang der letzten Tage war dies unmöglich. Immer mehr hochexplosive Ethanolgase sammelten sich im Bauch des Schiffes, bis die *Mary Celeste* zu einer schwimmenden Gasbombe wurde.
Jetzt bedurfte es nur noch eines Funkens und die Explosion war unausweichlich.
Und dieser Funke entstand schon bald – in der Kombüse des Schiffskoches. Ahnungslos feuerte er seinen Ofen an und löste eine gewaltige Explo-

sion aus. Deshalb der aus der Verankerung gerissene Ofen!

Eine normale Explosion hätte die *Mary Celeste* unweigerlich in Stücke gerissen, doch eine Gasexplosion – genauer gesagt eine Verpuffung – funktioniert anders. Verpuffendes Ethanol erzeugt zwar eine beachtliche Druckwelle – eine Erklärung für die von Deveau beobachtete »Unordnung« an Bord –, hinterlässt aber keine verbrannten Flächen. Zudem war vermutlich nur ein kleiner Teil des ausgetretenen Gases durch das Feuer in der Kombüse zur Reaktion gebracht worden. Ein »Warnschuss« sozusagen, der aber eine verhängnisvolle Kette von Ereignissen auslöste.

Unrühmliches Ende: Nach den rätselhaften Vorgängen des Jahres 1872 wechselte die *Mary Celeste* mehrfach den Eigner. Ihre letzte Fahrt, 12 Jahre nach dem Verschwinden der Crew, endete tatsächlich in einem ebenso unrühmlichen wie dilettantischen Betrugsmanöver. Der letzte Besitzer der *Mary Celeste* versuchte, das mit fast wertloser Fracht beladene Schiff – Katzenfutter und Gummistiefel – vor Haiti zu versenken, um eine überhöhte Versicherungssumme zu kassieren. Doch die *Mary Celeste* weigerte sich, schnell genug unterzugehen. Die Inspektoren der Versicherung hatten genügend Zeit, um das Wrack zu untersuchen und den Betrug nachzuweisen. Ein versöhnliches Ende fand die Legende um die *Mary Celeste* erst im Jahr 2001. Der Schriftsteller Clive Cussler – Autor einer Serie von Weltbestsellern über eine fiktive Bergungsagentur – behauptete, das Wrack der *Mary Celeste* in diesem Jahr vor Haiti aufgespürt zu haben. Angeblich soll sie mittlerweile von den »schönsten Korallen, die man sich vorstellen kann«, bedeckt sein. Ein überaus würdiges Seegrab für eines der berühmtesten Geisterschiffe aller Zeiten.

Gefährliche Fracht an Bord der Mary Celeste

Briggs war ein umsichtiger Kapitän, doch es war nachweislich seine erste Fahrt, bei der er industriellen Alkohol transportierte. Briggs musste nicht zu Unrecht befürchten, dass es jederzeit zu einer zweiten, verheerenden Explosion kommen könnte. Und er hatte seine Frau und seine kleine Tochter an Bord – die beiden Menschen auf der Welt, die ihm am meisten bedeuteten und deren Leben er um jeden Preis schützen wollte. Die Sorge um seine Familie verleitete ihn zu einem schwerwiegenden Fehler: Trotz des mächtigen Wellenganges befahl er das hastige Öffnen der Luken, um die Frachträume zu durchlüften, dann ließ er das kleine Beiboot zu Wasser. Briggs Plan war einfach: Er wollte die schwimmende Zeitbombe so schnell wie möglich verlassen, bis die explosiven Dämpfe entwichen waren. Dann wäre er mit seiner Familie und der Mannschaft wieder auf das sichere Schiff zurückgekehrt – aber das Schicksal hatte andere Pläne. Deveau hatte in seinem Bericht ein Seil erwähnt, das über Achternschiff im Wasser hing. Vermutlich das Seil, über das das Rettungsboot mit der *Mary Celeste* verbunden war. Doch der heftige Wellengang oder eine Sturmbö hatten das Seil reißen lassen. Hilflos und verzweifelt mussten Briggs, seine Familie und seine Mannschaft zusehen, wie die *Mary Celeste* immer weiter von ihnen abtrieb. In dem stürmischen Wetter und der Dezemberkälte hatten die neun schiffbrüchigen Seelen keine Chance. Sie starben einen einsamen Tod auf hoher See, während die *Mary Celeste*, nahezu unversehrt, bald darauf einen sicheren Hafen erreichte – hier nahm die »Karriere« als sagenumwobenes »Geisterschiff« ihren Anfang.

DER FLUCH DER KARIBIK

HENRY MORGAN, DER »ENGLISCHE TEUFEL«

Galileo MYSTERY

Gefürchtete Totenkopfflagge der Piraten

Geisterschiffe wie die *Mary Celeste* oder der *Fliegende Holländer* sind bei Weitem nicht die einzigen Schiffe, die dazu angetan waren, Seeleute früherer Tage in Angst und Schrecken zu versetzen. Um einiges gefürchteter als ein geisterhaftes Phantomschiff am Horizont war zu allen Zeiten eine viel konkretere Gefahr: die schwarze Totenkopfflagge am Hauptmast eines heranjagenden Schiffes.

Seeräuber, Freibeuter, Briganten – wie immer man sie nennen mag, sie waren der echte Schrecken der Meere. Und oft genug ein Stoff für Legenden, denen historische Tatsachen zugrunde lagen. Dabei sind Piraten keinesfalls ein Relikt aus der Vergangenheit, noch heute fallen jährlich mehrere Dutzend Seeleute moderner Piraterie zum Opfer. Doch natürlich verbinden wir in unserer Fantasie die wahre »Seeräuberromantik« mit den Tagen, in denen die Schiffe noch mit prall gespannten Segeln unbekannte Gewässer durchpflügten. Allerdings hatte und hat die Seeräuberei mit Romantik selten zu tun; sie war zu allen Zeiten ein blutiges Geschäft, in dem es am Ende fast nie einen Gewinner gab. Auf vielen der berühmten Seeräuber der Geschichte schien tatsächlich ein Fluch zu lasten. Und in einem konkreten Fall sogar ein regelrechter »Fluch der Karibik«.

Der englische Teufel

Ein verwegener Kapitän, wilde Haudegen, ein tapferer Held, eine schöne Heldin, Liebe, Verrat, ein Goldschatz, ein Geisterschiff, weiße Traumstrände – und über allem ein Fluch. Überaus gekonnt vereint diese Mischung alle Klischees des Piratenfilms – 2003 ist der *Fluch der Karibik* nicht nur ein Kassenschlager, sondern läutet auch die Renaissance des Mantel- und Degenfilms ein. Die beiden Nachfolgefilme knüpfen nahtlos an die Erfolgsgeschichte an und füllen weltweit die Kinosäle.

Das neu erwachte überbordende Interesse am guten alten Seeräuberfilm wird vor allem dem Hauptdarsteller Johnny Depp zugeschrieben, der

Johnny Depp bekannte in einem Interview, dass sein Vorbild für die Rolle des Jack Sparrow eigentlich der Rolling-Stones-Gitarrist Keith Richards gewesen sei.

den Piratenkapitän Jack Sparrow in einer mitreißenden Mischung aus Verschlagenheit und ironischer Trotteligkeit spielt. Eine Fantasiefigur Hollywoods? Keinesfalls. Denn das Vorbild für den Freibeuter Jack Sparrow war ein real existierender Pirat, der im 17. Jahrhundert die Karibik beherrschte: Henry Morgan – genannt der »Englische Teufel«!

Morgan gilt neben Klaus Störtebeker und Sir Francis Drake als einer der gefürchtetsten Seeräuber überhaupt – doch dass man sich bei der Verfilmung seiner echten Abenteuer amüsiert hätte, darf bezweifelt werden. An Henry Morgans Händen klebte das Blut Hunderter unschuldiger Matrosen – aber auch das von ungezählten Zivilisten, unbewaffneten Männern, Frauen und Kindern. Vieles von dem, was wir heute über Morgans Schandtaten wissen, verdanken wir den Aufzeichnungen von Morgans Leibarzt, der auch sein engster Vertrauter gewesen ist – John Esquemelin. Zehn Jahre lang begleitete er Kapitän Morgan bei allen Beutezügen durch die Karibik und führte genau Buch.

Von ihm erfahren wir, dass Morgan die meisten seiner Eroberungen auf dem Landweg gemacht und erst beim Rückzug seine Schiffe eingesetzt hat. Außerdem beschreibt er unverblümt, wie Morgan und seine Crew bei ihren Überfällen wahllos Frauen und Kinder abschlachteten und ganze Städte dem Erdboden gleichmachten. Hauptziel des Engländers Henry Morgan waren die spanischen Kolonien, die der englischen Krone feindlich gegenüberstanden. Kein Wunder also, dass diese keinerlei Einwände gegen das grausame Wüten ihres Freibeuters hatte, selbst als dieser nicht davor zurückschreckte, spanische Nonnen als Schutzschilde zu missbrauchen und ihre Kirchen zu plündern. Im Gegenteil, am Ende von seinem bewegten Leben wurde Morgan sogar in den Adelsstand erhoben.

Henry Morgan, gefürchteter Pirat des 17. Jahrhunderts

John Esquemelin, Chronist und Leibarzt

Die frühen Jahre in England

Über Geburt und Jugend des späteren Freibeuters ist wenig bekannt. Man nimmt an, dass er im Jahre 1635 geboren wurde, bezeichnenderweise als Spross einer alten Kriegerfamilie. Vermutlich war er mit der deutschen Bürgermeisterstochter Anna Petronella aus Lippstadt verwandt, möglicherweise sogar ihr direkter Sohn.

Zur Welt gekommen und aufgewachsen ist Henry Morgan jedoch in England, wahrscheinlich in Wales. Sein Schicksal erfüllte sich jedoch weit entfernt von der englischen Heimat. Mit 30 Jahren kehrte Morgan dem Königreich den Rücken und suchte sein Glück in der Karibik.

Beginn einer Piratenkarriere

Dort angekommen, schloss sich Morgan umgehend englischen Seeräubern an, die von der britischen Kolonialinsel Jamaika aus auf Beutezüge gingen. Hauptgegner waren nach wie vor die Spanier, denen die Engländer bereits zehn Jahre zuvor Jamaika abspenstig gemacht hatten.

Im Gegensatz zu seinen Kumpanen, denen die vielen eroberten Werte genauso schnell wieder zwischen den Finger zerrannen, wie sie diese anderen abgenommen hatten, besaß Henry Morgan eine Vision: Er wollte sein eigener Herr werden und sich als Freibeuter selbstständig machen. Dafür sparte er sein Diebesgut und konnte schon bald seine ersten Beutezüge auf eigene Regie durchführen. Im Jahre 1668 überfiel Henry Morgan mit seinen Kämpfern die Hafenstadt Portobelo im heutigen Panama.

Die Ausbeute war noch gewaltiger als das Blut-

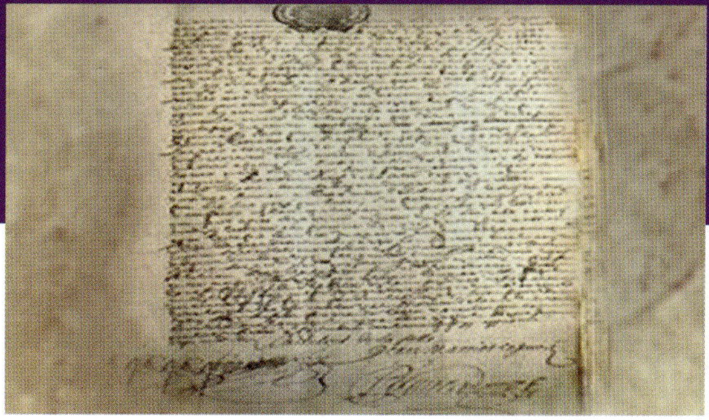

Ein Kaperbrief

vergießen, und Morgan war mit einem Schlag ein gemachter Mann.
Doch der Pirat war nicht der Einzige, der von diesem Beutezug profitierte. Den Engländern war jedes Mittel recht, um die verhasste spanische Flotte und deren Nachschubwege zu schädigen. Morgans Beutezüge wurden vom Gouverneur Jamaikas, Sir Thomas Modyfold, gebilligt und unterstützt. Gegen einen Anteil der Beute, versteht sich.

Freibeuter im Auftrag seiner Majestät

Diese Unterstützung von Piratenraubzügen durch staatliche Stellen war keinesfalls eine Ausnahme, im Gegenteil. Bereits seit dem 12. Jahrhundert gab es sogenannte Kaperbriefe, die die Angriffe auf hoher See als Teil des Seekriegsrechts rechtfertigten. Sie wurden von den jeweiligen Staaten ausgestellt und machten den Freibeuter zu einem Vertreter des jeweiligen Landes. Das unterschied sie, zumindest auf dem Papier, vom gemeinen Piraten. Dem jeweiligen »Auftragsland« fiel dabei ein fester Prozentsatz der erbeuteten Güter und Schiffe zu, was eine wichtige Einnahmequelle zur Finanzierung einer Flotte oder zur Kriegsführung darstellte.
Ein angenehmer Nebeneffekt solcher Kaperbriefe war es auch, dass die Schiffe des Auftragslandes sicher vor den angeheuerten Freibeutern waren …

Kaperfahrten, bis ins 19. Jahrhundert gebräuchlich, gründeten sich juristisch auf dem Seekriegsrecht. Trotzdem hatten es die Freibeuter nicht auf Kriegsschiffe, sondern vor allem auf reich beladene Handelsschiffe abgesehen.

Süßwasserpirat und Versicherungsexperte

Bereits vier Jahre nach seinen Anfängen als freiberuflicher Pirat vereinigte Kapitän Morgan über 500 Männer unter seinem Kommando.

Und sie alle waren ihm treu, geradezu fanatisch ergeben und bereit, Morgan bis in den Tod zu folgen. Aus den Aufzeichnungen John Esquemelins wissen wir, wie sich Morgan diese Ergebenheit seiner Männer sicherte. Um Streitigkeiten um die erbeuteten Schätze von vornherein auszuschließen, entwickelte Morgan eine Art Seeräuber-Gesetz, die *Articles of Agreement*.

Morgans »Piratenkodex« war ein sehr fortschrittliches Vertragswerk.

Nicht nur die Verteilung der Beute wurde genau darin festgelegt – auch im Falle einer Verwundung stand dem »Geschädigten« je nach Ausmaß der Verletzung eine bestimmte Versicherungssumme zu. »Sie erhalten für den Verlust eines rechten Arms 600 Achterstück oder sechs Sklaven«, hält Esquemelin in seinen Aufzeichnungen fest, »für den Verlust eines linken Arms 500 Achterstücke oder fünf Sklaven ...«

Auf Diebstahl stand laut Piratenkodex der Tod durch Erschießen oder das Aussetzen auf hoher See. Geradezu demokratisch gestaltete sich auch die Wahl des Kapitäns durch die Mannschaft. Und es lag auf der Hand, wen diese wählte – natürlich den Mann, der sie immer reicher machte.

In der Schlacht erwies sich Morgan ebenfalls als gewiefter Taktiker – allerdings hatte er ein Handicap: Ausgerechnet als Seefahrer war der gefürchtete Kapitän der Freibeuter eher ein Versager. In seiner gesamten dokumentierten Karriere hat er kein einziges Seegefecht gewonnen. Stattdessen nahm er gleich dreimal seinem Gegner die Arbeit des Schiffeversenkens ab, indem er das eigene Schiff auf Grund eines Navigationsfehlers selbst auf Grund setzte. Ein weiteres Schiff verlor Morgan durch eine Explosion im Pulverlager.

Doch diese kleinen Rückschläge taten seinem Erfolg keinen Abbruch. Morgan scheute – sich sei-

Morgans erfolgreiche Taktik: Unbemerktes Annähern auf hoher See – ein heimlicher Marsch in den Rücken des Gegners – gnadenloser Angriff über den Landweg

ner nautischen Handicaps wohl bewusst – nach Möglichkeit die direkte Konfrontation Schiff gegen Schiff. Seine Taktik bestand darin, sich unbemerkt einem Beutehafen zu nähern, mit Beibooten an Land zu gehen und den ahnungslosen Gegner über den Landweg von hinten zu überrumpeln, während dessen Kanonen noch immer auf die offene See gerichtet waren.

Auch bei seinem spektakulärsten und blutigsten Beutezug ging Morgan nach genau diesem Plan vor. Mit 36 Schiffen näherte er sich 1671 Panama, der damals reichsten Niederlassung der Spanier im amerikanischen Raum. Mit rund 1200 Mann verließ Morgan seine Flotte, setzte heimlich an Land und schlug sich mit seiner kleinen Armee neun Tage Land durch den Dschungel, um den ahnungslosen spanischen Soldaten in den Rücken zu fallen.
Die Ausbeute war immens, Panama danach nur noch ein Trümmerfeld.

Haft und Adel

Mit Schätzen reich beladen kehrte Morgan danach in seine Wahlheimat Jamaika zurück. Dort erwartete ihn allerdings eine Überraschung: Karl II. von England hatte inzwischen mit Spanien Frieden geschlossen, Morgans Angriff auf Panama war damit nicht mehr durch den Kaperbrief gedeckt. Aus dem Helden der Krone war über Nacht – ohne dass er es ahnte – wieder ein gemeiner Pirat geworden.
Was folgte, klingt eher wie ein Märchen. 1674 wurde Kapitän Morgan begnadigt und in den Adelsstand erhoben. Als Sir Henry Morgan wurde er außerdem der neue Vize-Gouverneur von Jamaika, später noch Admiral der englischen Flotte. Für den ehemaligen Piraten Morgan eine Wendung um hundertachtzig Grad. Seine früheren Verbündeten – die Piraten der Karibik – waren nun seine Gegner. Und Morgan wusste aus eigener Erfahrung, wie Piraten denken. Mit viel Umsicht verteidigte er Jamaika gegen seine ehema-

Mitarbeiter von Galileo Spezial *auf der Schatzsuche im Karibischen Meer*

ligen Weggefährten. Er befestigte die Hafenstadt Port Royal ausgerechnet mit den Kanonen aus seinen ehemaligen Schiffen, und fortan war der einstige Schrecken der Meere der Schrecken der Piraten. Eine unheimliche Karriere – die ihren Preis forderte.

Späte Reue und Wahnsinn

Vielleicht den eigenen Tod vorausahnend, begann Morgan gegen Ende seines Lebens, seine früheren Taten zu bereuen. Einen Großteil seines Vermögens stiftete er der Kirche in Port Royal, sozusagen als Wiedergutmachung für die zahlreichen Kirchen und Klöster, die er zeitlebens geplündert hatte. Wahrscheinlich krank und an Schmerzen leidend, verfiel er immer mehr dem Alkohol. Er starb am 25.8.1688 im Alter von 53 Jahren in Port Royal auf Jamaika. Für seine Leistungen im Dienste der Krone wurde dem ehemaligen Piraten sogar ein Staatsbegräbnis zuteil.

Verfluchter Schatz: Die Kirche in Port Royal, der Morgan einen großen Teil seiner Schätze schenkt, versinkt bald nach seinem Tod nach einem furchtbaren Erdbeben im Meer.

Der Schatz der Engel

Henry Morgan ist noch heute eine Legende – und zwar wegen seines sagenumwobenen Vermächtnisses. Angeblich soll er im Laufe seines Lebens Beute im Wert von umgerechnet einer halben Milliarde Euro gemacht haben. Als Buße für seine Sünden spendete er, wie schon erwähnt, einen Teil davon der alten Kirche von Port Royal – die kurz darauf wegen eines Erdbebens mit dem Schatz im Meer versunken ist – nicht gerade ein gutes Zeichen dafür, dass die Himmelsmächte Morgans Bußgabe gnädig angenommen haben.

Ein Großteil von Morgans Privatschatz muss aber immer noch irgendwo auf dem Boden des karibischen Meeres liegen, in die Tiefe getrudelt nach einer Verfolgungsfahrt durch spanische Kriegsschiffe.

Nur wo? Niemand hat den Schatz des Henry Morgan bislang aufspüren können. Bei seinen Recherchen im karibischen Meer ist das Team von *Galileo Mystery* zwar auf Fragmente eines Piratenschatzes gestoßen – aber der sagenhafte »Schatz der Engel«, den Morgan in seinen letzten Jahren geradezu besessen verfolgt hat, ist bis heute nicht aufgetaucht.

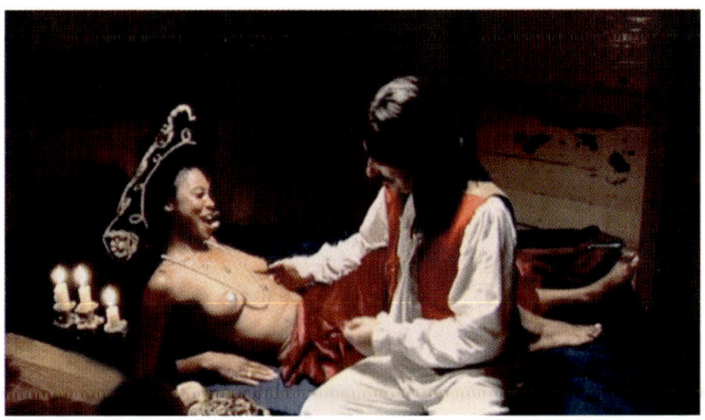

Durch eine Syphilis-Erkrankung in Wahnsinn und Tod?

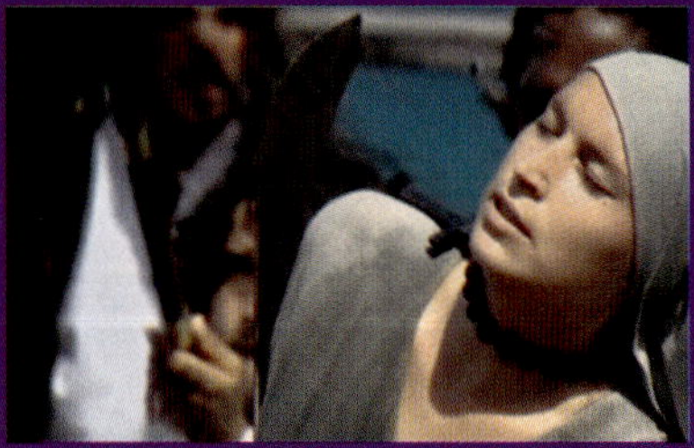 

Portugiesische Nonnen: Erhoffte Morgan sich Rettung durch die »Engel«, die er Zeit seines Lebens nur als lebende Schutzschilde benutzte?

Oder ist dieser »Schatz der Engel« am Ende gar nicht mit Gold und Silber aufzuwiegen? Einiges spricht dafür, dass Henry Morgan, der gefürchtete Pirat, tatsächlich das Opfer des »Fluchs der Karibik« wurde:
Morgan war Zeit seines Lebens ein eiskalter, kalkulierender und selbstbeherrschter Mann, der seine Ziele mit derselben eisernen Disziplin verfolgte, die er seinen Männern abverlangte. Erst in seinen letzten Lebensjahren verfiel Morgan den Chronisten zufolge immer mehr dem Alkohol und dem Wahnsinn. Hatte er sich bei einer ausschweifenden Siegesfeier in jüngeren Jahren mit der Syphilis infiziert? Vor der Erfindung des Penizillins galt diese Geschlechtskrankheit als unheilbar und wurde zu Morgans Zeit tatsächlich auch als »Fluch der Karibik« bezeichnet. Morgan wäre nicht der erste Pirat gewesen, der sich bei hitzigen Begegnungen unter tropischem Himmel angesteckt hätte. Und die auffälligen Verhaltensweisen in Morgans späten Jahren passen tatsächlich zu den Symptomen einer fortgeschrittenen Syphilis-Erkrankung.
Die Krankheit war zwar damals unheilbar – doch die portugiesischen Nonnen, die zu seiner Zeit für die medizinische Versorgung Panamas zuständig waren, kannten zumindest einen Extrakt aus einheimischen Pflanzen, der die schmerzhaften Symptome der Syphilis linderte.

Möglicherweise waren diese Nonnen die »Engel«, deren Schatz Morgan unbedingt in die Hände bekommen wollte. Ausgerechnet jene Nonnen, deren Mitschwestern Morgan bei früheren Raubzügen niedergemetzelt und als menschliche Schutzschilde gegen spanische Musketenkugeln benutzt hatte.
Wenn dem so war, dann erwiesen sich Morgans Bemühungen als vergeblich. Er war ein Opfer des wahren Fluchs der Karibik, ohne Hoffnung auf Heilung und Erlösung.

DER KILLER VON LONDON

JACK THE RIPPER

Galileo MYSTERY

Nebel wabert durch die kleine schmutzige Gasse, aus der Kneipe dringt Musik und der Zeitungsjunge schreit das neueste Verbrechen von Jack the Ripper in die finstere Nacht. Wenn man die Straße betritt, lichtet sich der Nebel langsam und gibt den Blick frei auf eine aufgeschlitzte Frauenleiche, die in einem Vorgarten liegt – eine weitere Untat des Serienmörders.

Diese Szene kann man hautnah erleben – sehr realistisch dargestellt in *Madame Tussaud's* Wachsfigurenkabinett in London, das dem berühmten Frauenmörder in seiner *Chamber of Horrors,* der Schreckenskammer, eine begehbare Straßenszene widmet.

Das Londoner East End, 1888.
Jack the Ripper sucht seine Opfer

Der berühmte Londoner Nebel soll im Herbst 1888 zwar gar nicht über der Gegend um Whitechapel gelegen haben, doch auch ohne ihn kann man sich das Grauen vorstellen, das im damaligen Elendsviertel East End umging.

Der britische Prostituiertenmörder, der als bekanntester Frauenmörder überhaupt gilt, ist inzwischen zum Mythos geworden. Nachahmer gibt es immer wieder, von *Jack the Stripper* in den sechziger Jahren bis hin zum *Ypswitch Ripper* in der jüngsten Vergangenheit. Geschieht ein Mord im Rotlichtmilieu, ist die weit über hundert Jahre zurückreichende Legende um Jack the Ripper wieder präsent – der eigentliche »Schlitzer« jedoch ist und bleibt ein Unbekannter. Verdächtige gab und gibt es allerdings genug.

Die Opfer

1888 geht die Angst um in London. In nur drei Monaten werden fünf Frauen auf grausame Weise ermordet, vier davon auf offener Straße. Alle fünf haben eines gemeinsam: Sie gehen der Prostitution nach und hängen an der Flasche.

Mary Ann Nicols alias Polly Nicols

Das erste, »offiziell« anerkannte Ripper-Opfer wird am Freitag, dem 31. August 1888 gegen 3.30 Uhr morgens von einem Fuhrmann in der Buck's Row gefunden – mit durchschnittener Kehle und Verstümmelungen am Unterleib.

Annie Chapman alias Dark Annie

Am Wochenende darauf, Samstag, dem 8. September 1888, entdeckt ein Lastenträger um 6 Uhr morgens den Leichnam von Annie Chapman in einem Hinterhof in der Hanbury Street. Ihre Kehle ist durchtrennt, der Unterleib aufgeschlitzt und die Gedärme liegen auf der linken Schulter. Ein Mann im Nachbarhaus gibt später an, gegen 5.30 Uhr hinter dem Bretterzaun, der die Gebäude trennt, eine Auseinandersetzung gehört zu haben. Die Frau habe »Nein« gesagt, dann sei etwas gegen den Zaun gefallen. Da es danach ruhig wurde, habe er nicht weiter darauf geachtet.

Elizabeth Stride alias Long Liz

Drei Wochen später, am Sonntag, dem 30. September 1888, ist ein Händler mit seinem Pferdekarren auf dem Heimweg, als gegen 1 Uhr morgens in der Berner Street im Dutfield's Yard die Pferde scheuen. Ein Bündel liegt auf der Straße. Bei näherer Betrachtung entpuppt es sich als Frauenkörper. Die Kehle ist durchtrennt, und aus der Wunde fließt noch Blut. Der Mann hat den Mörder allem Anschein nach aufgeschreckt und bei seiner Tat gestört, bevor er sich weiter an der Leiche zu schaffen machen konnte.

Catherine Eddowes alias Kate Kelly

In derselben Nacht tötet der Ripper erneut. Sein Opfer Catherine Eddowes stirbt am etwa anderthalb Kilometer vom ersten Tatort entfernten Mitre Square – nur 45 Minuten nach Elisabeth Stride. Auch sie hat einen tiefen Kehlschnitt, doch kann diesmal der Killer sein blutiges Werk vollenden. Eine klaffende Wunde erstreckt sich vom Brustbein bis zum Unterleib. Die Niere wurde entfernt, die Gedärme liegen diesmal auf der rechten Schulter. Das rechte Ohr ist fast durchtrennt und das Gesicht stark verstümmelt. Die Leiche ist noch warm und die Polizei dem Mörder dicht auf den Fersen. Doch in der verrufenen Dorset Street verliert sich die Spur.

Mary Jane Kelly alias Ginger

Am Freitag, dem 9. November schickt der Vermieter vormittags seinen Burschen in jene Dorset Street, um bei Mary Kelly die fällige Miete zu kassieren. Als niemand öffnet, schiebt der Mann durch die kaputte Fensterscheibe den Vorhang etwas beiseite – und entdeckt die Überreste der jungen Frau auf dem Bett. Auch sie stirbt durch

Kurz vor ihrer Ermordung war Catherine Eddowes wegen Trunkenheit verhaftet worden. Sie sollte die Nacht in der Zelle verbringen. Als sie gegen 1 Uhr morgens wieder nüchtern ist, lässt die Polizei sie auf eigenen Wunsch gehen. Keine Stunde später ist sie tot.

einen tiefen Schnitt in die Kehle, die Verstümmelungen dieses fünften Opfers übertreffen jedoch alles Bisherige an Grausamkeit. Nase und Ohren sind abgeschnitten, das Gesicht ist bis zur Unkenntlichkeit zerhackt. Beide Brüste sowie innere Organe und Gedärme sind überall um das Opfer verteilt, das Herz unauffindbar. Experten schätzen, dass das Blutbad zwei Stunden gedauert hat.

Seit der Mordserie gibt es Diskussionen über die Zahl der Ripper-Opfer. Die einen rechnen ihm mehr Morde an, andere wiederum bezweifeln sogar, dass Opfer Nummer 5 tatsächlich dem Ripper zuzurechnen ist. Tatsächlich fällt Mary Kelly etwas aus dem Rahmen. Die vier älteren, unattraktiven Frauen werden auf offener Straße ermordet, während die junge, hübsche Mary Kelly zu Hause ihr Ende findet. Allerdings hat man das Polizeiaufgebot im Laufe der Mordserie derartig erhöht, dass es dem Ripper vielleicht nicht mehr möglich war, noch in der Öffentlichkeit zu töten.

Die unterschiedlichen Grade der Verstümmelungen lassen eventuell auch Zweifel aufkommen – doch wird der tödliche Schnitt immer exakt gleich ausgeführt, und eine Steigerung der Grausamkeit im Verlauf einer Mordserie ist mit der Psyche eines Killers durchaus vereinbar.

Ermittlungsarbeit im England des 19. Jahrhunderts

Das Londoner East End ist ein gefährliches Pflaster, wo der Bodensatz der Gesellschaft haust. Gewalttaten sind an der Tagesordnung, und die Polizei verfügt über sehr begrenzte Möglichkeiten. Mit nichts weiter als Lampe, Schlagstock und Trillerpfeife gehen die *Bobbies* auf Patrouille. Kein Wunder also, dass die Polizei überfordert ist. Noch nie zuvor hatte sie es mit einem Serienkiller zu tun. Die Ermittler geraten selbst ins Kreuzfeuer der Medien und der panischen Bevölkerung.

Wegen der im 19. Jahrhundert noch riesigen, unhandlichen Fotoapparate mussten die Polizeifotografen den Leichnam von Catherine Eddowes gegen eine Wand lehnen, um ihn ganz auf das Bild zu bekommen – ein damals übliches Verfahren.

Auch die kriminalistischen Ermittlungsmethoden sind zur damaligen Zeit sehr dürftig. Die Fotografie ist noch nicht sehr weit entwickelt, die Fotos der Opfer sind grobkörnig und verwaschen.

Die Identifikation eines Täters anhand von Fingerabdrücken ist zur Zeit der Ripper-Morde zwar schon seit zwei Jahren bekannt, wird jedoch von den meisten Ermittlern als Scharlatanerie abgetan. Und so beschränken sich die Aufgaben der damaligen Kriminalpolizei auf Tatortsicherung, Erstellen einer Tatortskizze und Zeugenbefragungen.

Beim Mord an Catherine Eddowes kommt es sogar zur absichtlichen Vernichtung eines möglichen Beweises – ein Graffito in der Goulston Street wird entfernt, weil sich sein Inhalt auf Juden bezieht. Da dies gleichzeitig der Fundort eines Stücks blutgetränkter Schürze des Opfers ist, fürchten einige Polizisten antisemitische Ausschreitungen. Als der Fotograf kommt, ist die Schrift verschwunden. Abgewischt von einem eigens dazu abgestellten Polizisten.

Die Leichen selbst werden von Gerichtsmedizinern untersucht. Doch da es damals üblich ist, die Toten vor der Obduktion zu waschen, werden auch hier wichtige Spuren vernichtet.

Heute möchte man die Vorgehensweise der damaligen Pathologen leise belächeln – das ändert nichts daran, dass die Gerichtsmediziner im Fall

Ein Polizist verwischt Spuren, um Ausschreitungen zu verhindern

der Ripper-Morde für ihre Zeit sehr gute Arbeit leisteten. Das Ergebnis ihrer Untersuchungen liefert ein erstes Täterprofil, auf das sich »Ripperologen« noch heute stützen. Die Schnitte und Organentnahmen, so das Ergebnis der Mediziner, wurden von einem Rechtshänder mit anatomischen Kenntnissen begangen – möglicherweise von einem Arzt oder auch Metzger, der mit einer etwa 15 Zentimeter langen Klinge zuschlägt.

Außerdem wird nach einem Mann gefahndet, der sexuell gestört ist, durch gewalttätiges Verhalten gegenüber Frauen auffällt oder sonst auf irgendeine Weise nicht in das gestrenge Bild der viktorianischen Gesellschaft passt. Besonders Juden, aber auch Ausländer im Allgemeinen geraten in den Fokus der Ermittler.

In den Bereich »sexuelle Störung« fällt in der damaligen Zeit auch Homosexualität. Während für die moderne Psychologie klar ist, dass ein homosexueller Mörder es gerade nicht auf das weibliche Geschlecht abgesehen hat, ist im 19. Jahrhundert Homosexualität so geächtet, dass man einem solcherart Veranlagten alles zutraut. Auch, ein Frauenmörder zu sein.

Einer der beratenden Mediziner im Fall Jack the Ripper war Joseph Bell. Der Pionier der forensischen Medizin, bekannt für seine ausgezeichnete Kombinationsgabe, diente angeblich Sir Arthur Conan Doyle als Vorbild für seine Figur des Meisterdetektivs Sherlock Holmes.

Briefe aus der Hölle? Die Bekennerschreiben des Rippers

Briefe aus der Hölle

Neben den Gräueltaten selbst macht der Ripper auch durch eine stattliche Anzahl von Schriftstücken von sich reden – die sich meist als Fälschungen von Trittbrettfahrern oder sogar von Reportern entpuppen. Drei dieser Bekennerbriefe können jedoch authentisch sein. Der erste Ripper-Brief, datiert auf den 25. September 1888, wird aufgrund der verwendeten Anrede als *Dear-Boss*-Brief bekannt. Unterzeichnet ist er erstmals mit »Jack the Ripper«. Echt oder nicht – das Phantom hat nun einen Namen. Und Jack kündigt an, dem nächsten Opfer ein Teil des Ohres abzuschneiden und es der Polizei zu schicken.

Kurz darauf folgt eine Postkarte, unterzeichnet von einem *Saucy Jacky*, der sich dafür entschuldigt, das angekündigte Ohr nicht geschickt zu haben.

Der letzte Brief mit der Überschrift *From Hell* (Aus der Hölle) erreicht die Polizei am 16. Oktober. Zusammen mit einer Niere, die angeblich Catherine Eddowes gehört. Die Schriftstücke werden nicht gleich an die Presse weitergegeben, und das Insiderwissen des Verfassers beeindruckt Scotland Yard. Einen Beweis für die Echtheit der Dokumente gibt es jedoch nicht.

Die Hauptverdächtigen

Die Liste der Verdächtigen ist lang und teilweise recht kurios. Sie reicht vom Elefantenmenschen Joseph Merrick über die Schriftsteller Lewis Carroll und Oscar Wilde bis hin zum britischen Königshaus. Hunderte Menschen werden vernommen, kein Einziger kann überführt werden. Fünf Verdächtige der damaligen Zeit haben sich jedoch als mögliche Kandidaten für die zweifelhafte Ehre qualifiziert, hinter dem Pseudonym Jack the Ripper zu stecken.

Der Elefantenmensch – er wäre körperlich nicht in der Lage gewesen, die Morde zu begehen und unerkannt zu entkommen

Joseph Carey Merrick – der Elefantenmensch

Merrick litt seit seiner Jugend an einem genetischen Defekt, der seine Knochen unkontrolliert wuchern ließ. Der bedauernswerte Mann stellte seinen furchtbar deformierten Körper aus eigenem Antrieb in einem Kuriositätenkabinett in Whitechapel zur Schau, um seinen Lebensunterhalt zu verdienen. Doch nachdem er einem betrügerischen Manager aufgesessen war, ließ er sich in das London Hospital einweisen, wo er – so gut es der damaligen Medizin möglich war – behandelt wurde. Wenn er sich an die Öffentlichkeit wagte, trug Merrick eine speziell angefertigte Maske, um seine Mitmenschen nicht zu verschrecken.

Merricks Außenseitertum machte ihn ohne eigenes Verschulden zu einem der Verdächtigen – doch er kann als Ripper-Kandidat wohl mit Sicherheit ausgeschlossen werden. Der Beweis: der Doppelmord vom 30. September. Joseph Carey Merrick wäre körperlich nicht in der Lage gewesen, innerhalb von 45 Minuten Elisabeth Stride zu töten und die 1,6 Kilometer zu Catherine Eddowes zu humpeln, um ihr die Kehle durchzuschneiden und sie zu verunstalten. Was für einen körperlich gesunden Mann theoretisch kein Problem dargestellt hätte, konnte Joseph Merrick aufgrund seiner schweren Behinderungen nicht schaffen. Und

Einsames »Monster«: Als einmal eine Frau an Merrick herantrat, ohne Scheu mit ihm sprach und sogar seine entstellte Hand nahm, soll Merrick vor Freude fast einen Herzinfarkt erlitten haben.

Verdächtig: Montague Druitt

wie sollte der Mann mit seiner völlig verkrüppelten rechten Hand das Mordwerkzeug führen? Wie unerkannt durch das Viertel kommen? Fraglich auch, ob die Frauen mit ihm überhaupt mitgegangen wären. Alles spricht gegen Joseph Merrick als Täter. Es war der damals herrschende Irrglauben, in einem entstellten Körper müsse auch eine kranke Seele hausen, der ihn überhaupt erst verdächtig machte. Merricks Zeit als Ripper-Kandidat währte nicht lange; dem Elefantenmenschen schlug später sogar öffentliches Mitleid entgegen: Sein Aufenthalt in dem Hospital wurde dem mittelosen Mann durch einen eigenen »Joseph Carey Merrick Fund« finanziert, für den die Leser der *Times* spendeten.

Montague John Druitt

Einer der weiteren Verdächtigen war ein Lehrer und Jurist namens Montague John Druitt.
Der aus gutem Haus stammende Montague Druitt galt als sexuell gestört – was wahrscheinlich als eine Anspielung auf seine Homosexualität zu verstehen ist. In Druitts Familie gab es mehrere Fälle von Geisteskrankheit und einige Selbstmorde. Dem Aussehen und der gepflegten Kleidung nach kam Druitt der Täterbeschreibung vieler Zeugen nahe – seine eher schmale Statur widersprach wiederum den Beschreibungen. Druitt soll Probleme damit gehabt haben, erwachsen zu werden, und er verkehrte bevorzugt in einer exklusiven Studentenvereinigung, der man homophile Tendenzen nachsagte. In Druitts Leben gab es nur eine Frau – seine Mutter, die in einem Londoner Heim für Geisteskranke lebte. Um das Heim zu erreichen, musste Druitt das Armenviertel Whitechapel durchqueren – den Tatort einer der Ripper-Morde. Und noch etwas machte Druitt verdächtig: Kurz nach dem fünften Dirnenmord nahm er sich das Leben – und die Mordserie endete. Scotland Yard glaubte, dass er aus Reue und Selbstmitleid seinem irdischen Dasein durch einen Sprung in die Themse ein Ende setzte. Heute weiß die Kriminalpsychologie jedoch, dass Serienkiller weder das eine noch das andere Gefühl kennen. Außerdem hinterließ Druitt keinen Abschiedsbrief und kein letztes Bekennerschreiben. Auch das ist eher

ungewöhnlich für einen Serientäter wie Jack the Ripper, der offensichtlich stolz auf seine Morde war.

Aaron Kosminski

Der zweite Hauptverdächtige der damaligen Zeit war der polnisch-jüdische Einwanderer Aaron Kosminski. Der psychisch schwer gestörte Mann hasste Frauen, besonders Prostituierte, und hörte angeblich Stimmen, die ihn zum Morden aufforderten. Seine eigene Schwester bedrohte er mit dem Messer. Außerdem wohnte er in Whitechapel, war also ortskundig. Allerdings passte Kosminski nie wirklich auf die Beschreibung eines gepflegten, gut gekleideten Täters. Er war im Gegenteil eine eher heruntergekommene Gestalt mit einem auffällig seltsamen Verhalten. Es ist daher fraglich, ob seine Opfer ihn tatsächlich breitwillig begleitet hätten. Kosminski wurde im März 1889 in eine psychiatrische Anstalt eingeliefert.
Da er zur Zeit der Mordserie auf freiem Fuß war, kommt er als geistesgestörter Mörder in Betracht. Allerdings verfügte Kosminski über keinerlei anatomisches Wissen oder die chirurgischen Fähigkeiten, die nötig gewesen wären, um seinen Opfern fachmännisch die Organe zu entnehmen.

Wahnsinnig und gewalttätig: Aaron Kosminski

Walter Sickert

Der in München geborene Maler war während der Zeit der Morde kein Hauptverdächtiger – den macht im Jahre 2002 erst die Krimischriftstellerin Patricia Cornwell aus ihm. In ihrem Buch *Wer war Jack the Ripper? Porträt eines Killers* stellt sie die

Der Maler als Mörder? Walter Sickert

These auf, Sickert hätte die Ripper-Morde begangen und seine grausam ermordeten Opfer als Vorlage für einige seiner düsteren Gemälde verwendet.

Cornwell kaufte sogar einige von Sickerts Bildern, um ihre These genauer zu untersuchen und zu untermauern.

Tatsächlich gibt es einige frappierende Ähnlichkeiten zwischen Sickerts Gemälden und den aufgefundenen Opfern. Sein Gemälde *Le Journal* zeigt beispielsweise eine liegende Frau mit einer Perlenkette um den Hals – exakt an der Stelle, an welcher der Ripper seinem Opfer Polly Nicols die Kehle aufschnitt. Ein anderes von Sickerts Bildern trägt den bezeichnenden Titel *Jack the Ripper's Bedroom,* übersetzt: *Das Schlafzimmer von Jack the Ripper*.

Warum – eine berechtigte Frage – hat Sickert vorwiegend Prostituierte gemalt? Und warum setzte er dem Ripper in einem Gemälde ein Denkmal? Vielleicht deshalb: Walter Sickert fühlte sich, wie viele Künstler seiner Zeit, zu der armen Gesellschaftsschicht hingezogen; er suchte seine Motive in den Elendsvierteln Londons und ließ Prostituierte Modell stehen. Nicht ungewöhnlich, denn die Kunst dieser Zeit stand vor einem Umbruch;

Verdächtige Ähnlichkeit: Ein Opfer und ein Gemälde Sickerts

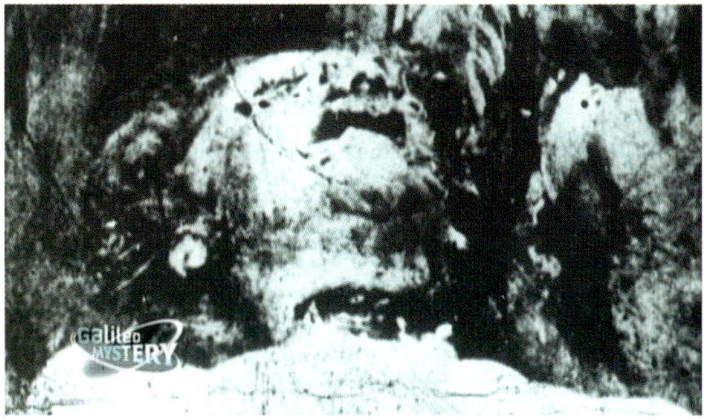

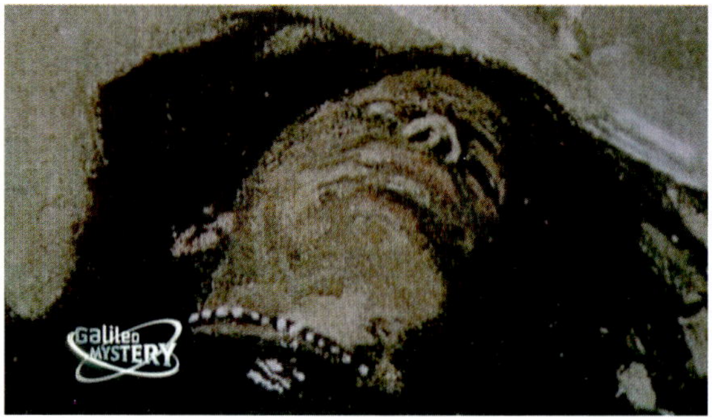

Das Schlafzimmer von Jack the Ripper *von Walter Sickert*

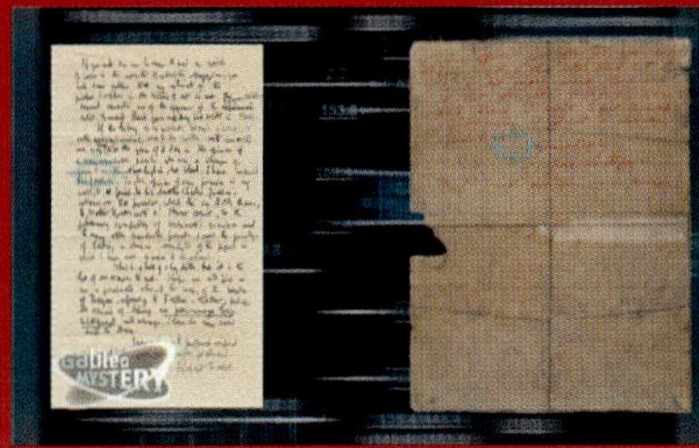

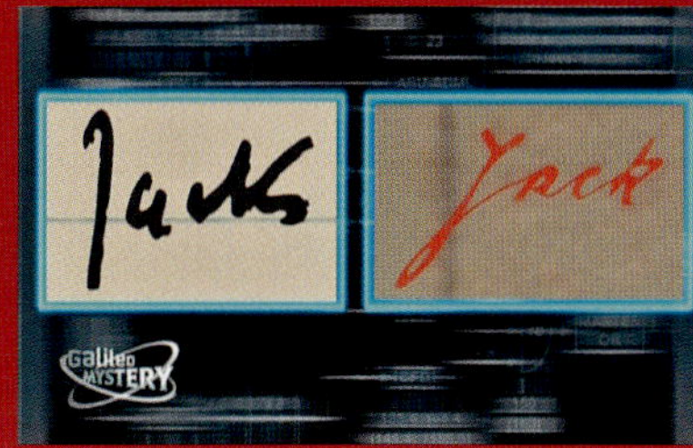

Ein Handschriften-Vergleich zwischen Sickerts Briefen und denen Jack the Rippers

viele Maler wollten provozieren, wollten alle Facetten des menschlichen Lebens darstellen und wandten sich von der allzu heilen Salonmalerei ab. Auch Sickert gehörte dazu.

Die – sehr vage – Darstellung von Jack the Ripper auf Sickerts Gemälde ist kein Beweis für eine Verstrickung des Malers in die Morde. Wie viele seiner Zeitgenossen war auch er vom Ripper fasziniert. Andere schrieben Romane und Schauerstücke über den Schlitzer, Sickert fasste seine Faszination in ein Gemälde.

Hätte der Maler überhaupt ein Motiv gehabt? Patricia Cornwell behauptet, Sickert sei als Junge am Penis operiert worden – ein Trauma, das ihn zum impotenten Frauenhasser gemacht hätte. Nachweisen lässt sich allerdings nur die relativ harmlose Entfernung einer Fistel. Der angeblich so traumatisierte Künstler war der Damenwelt alles andere als abgeneigt und dreimal verheiratet. Sickert soll sogar ein uneheliches Kind gezeugt haben – demnach deutet nichts auf eine Impotenz hin.

Ein Schriftvergleich zwischen Sickerts Briefen und den angeblichen Bekennerschreiben von Jack the Ripper führt ebenfalls in eine Sackgasse. Der vom

Für ihre Beweisführung kaufte Patricia Cornwell mehrere Gemälde von Walter Sickert – und zerschnitt eines davon! Sie wollte die Farbe auf DNS-Spuren oder sogar beigemischtes Blut untersuchen. Nachweisen ließ sich jedoch weder das eine noch das andere. Die Krimiautorin zog sich aber den Hass vieler Sickert-Anhänger zu, weil sie eines seiner Werke für ihre spekulativen Theorien zerschnitten hatte und so selbst zum Schlitzer wurde.

Der »heißteste« Verdächtige: Francis F. Tumblety

Galileo-Mystery-Team durchgeführte Vergleich belegt, dass Sickert die Ripper-Briefe nicht geschrieben haben kann.
Gegen Sickert als Jack the Ripper spricht auch, dass sich der Maler während der dreimonatigen Mordserie gar nicht durchgehend in England aufhielt, sondern einige Zeit in Frankreich verbrachte. Nach dem letzten Mord lebte Sickert noch über 50 Jahre. Warum sollte er so abrupt aufgehört haben zu töten? Patricia Cornwell ist nach wie vor der festen Meinung, den wahren Täter gefunden zu haben – die meisten »Ripperologen« sind jedoch von ihrer Beweisführung nicht überzeugt.

Francis F. Tumblety

Der amerikanische Quacksalber und selbsternannte Doktor Tumblety wurde von Scotland Yard als höchst verdächtig eingestuft. Tumblety geriet aufgrund seiner zweifelhaften Heilmethoden öfter mit dem Gesetz in Konflikt und entzog sich jeweils durch Flucht seinen Strafen. Er outete sich vor Bekannten als Frauenhasser, der besonders Prostituierte verabscheute. Der mögliche Auslöser: Seine Ex-Frau soll während ihrer Ehe der Prostitution nachgegangen sein. Er prahlte auch mit einer Sammlung von diversen konservierten weiblichen Fortpflanzungsorganen.

Im Juni 1888 kam der Amerikaner Tumblety in London an, am 12. November wurde er in Zusammenhang mit den Ripper-Morden festgenommen. Wie es zu dieser Verhaftung kam, was die genauen Vorwürfe waren, ist heute leider unbekannt; in den zwei Weltkriegen sind viele der Polizeidokumente vernichtet worden. Eine Theorie: Tumblety versuchte, in einem pathologischen Museum weibliche Fortpflanzungsorgane zu erstehen. Doch die Polizei hatte keine wirklichen Beweise gegen ihn in der Hand und musste den selbsternannten Doktor laufen lassen. Tumblety floh zurück nach Amerika, wo er weiter überwacht wurde. Stichhaltige Beweise für seine Identität als Ripper konnten jedoch nie aufgebracht werden; Tumbletys Spur verlor sich schließlich, da er als Wunderheiler fortan unter verschiedenen falschen Namen um die Welt gezogen ist.

Bei genauerer Betrachtung scheint Tumblety alle Eigenschaften des mutmaßlichen Mörders in sich zu vereinen: Frauenhass, besonders auf Prostituierte, ein traumatisches Erlebnis im persönlichen Umfeld als Auslöser, zumindest rudimentäre anatomische Kenntnisse, die Besessenheit von weiblichen Organen als Trophäen. Sein Aussehen passt zur Täterbeschreibung, und sein Fluchtverhalten lässt ihn nicht gerade unschuldiger erscheinen. Des Weiteren ist es schon ein erstaunlicher Zufall, dass die Mordserie mit seiner Ankunft in London beginnt und mit seiner Abreise endet. »Dr.« Francis F. Tumblety ist wirklich ein idealer Kandidat für das Phantom Jack the Ripper – nur wasserdicht beweisen lässt sich diese These letztlich nicht.

Weitere Verdächtige

Die Polizei der damaligen Zeit hatte es bei der großen Auswahl an potenziellen Schlitzern verständlicherweise schwer, sich auf einen einzelnen Mann festzulegen. Die fünf oben genannten Personen standen und stehen zwar immer noch im allgemeinen Verdacht, aber die Liste der möglichen Verdächtigen lässt sich weiter ausweiten. Zum Beispiel: der dreifache Giftmörder Severin Antonovich Klosowski. Der gelernte Chirurg arbeitete zur Zeit der Ripper-Morde als Friseur im East End. Die Polizei vermutete, dass Gift nicht sein einziges Mordwerkzeug war …

Als weiterer Verdächtiger galt ein gewisser Joseph Barnett, der letzte Lebensgefährte von Mary Jane Kelly. Er konnte mit dem Messer umgehen, hasste Prostituierte, weil sie einen schlechten Einfluss auf seine Freundin ausübten, und kannte das

Ein ewiges Rätsel –
Jack the Ripper …

East End wie seine Westentasche. Eine Verfolgung des Rippers endete in der Nebenstraße, nicht weit von der Wohnung entfernt, in der Barnett mit Mary Kelly wohnte. Barnett hatte jedoch ein Alibi – einen Kartenabend mit seinen Freunden.

Fazit: Je mehr Jahrzehnte vergehen, desto mehr Mordverdächtige geraten ins Fadenkreuz der Ripperologen – und die Tatverdächtigen werden immer illustrer. Patricia Cornwells Theorie vom mordenden Maler ist nur ein Beispiel dafür. Bereits 1970 behauptete ein britischer Arzt, der damalige englische Thronfolger Prinz Albert Victor sei der Ripper gewesen: Angestachelt durch eine »syphilitische Gehirnerweichung« habe der geistesgestörte Monarch die Prostituierten im Blutwahn getötet und verstümmelt. Eine Theorie, die einige Furore machte. Für zwei der Morde allerdings hatte der Prinz ein recht wasserdichtes Alibi: Er war tatsächlich auf der Jagd – nach schottischen Wildschweinen.

Die Suche nach Jack the Ripper geht weiter. Und im Gegensatz zu Scotland Yard müssen die Ripperologen ihre Ermittlungen auch niemals einstellen.

MONDLANDUNG

DIE GROSSE VERSCHWÖRUNG?

Galileo MYSTERY

Der 20. Juli 1969, 20:17. Erdzeit.

Milliarden von Jahren hat der Mond ungestört seine lautlose Bahn um die Erde gezogen. Jetzt bekommt er Besuch.

Weiß-grauer Staub wirbelt auf, als die Mondlandefähre *Eagle* einen Krater überfliegt und auf der dahinterliegenden Ebene zur Landung ansetzt. Eine Zeit lang steht die Fähre stumm auf der Mondoberfläche, 384.000 Kilometer von der Erde entfernt. Dann öffnet sich eine Luke. Neil Armstrong klettert in seinem klobigen Raumanzug eine Leiter herunter – und betritt als erster Mensch den Mond. Ein wenig blechern klingen die Worte aus seinem Helmmikrofon, die bald darauf um die Welt gehen: »Dies ist ein kleiner Schritt für einen Menschen, aber ein gewaltiger Sprung für die Menschheit.«

Der Regisseur hinter der Kamera lächelt zufrieden. Die Szene ist im Kasten. »Schnitt! Danke!«, ruft er, und der Schauspieler im Raumanzug zieht sich dankbar den Helm vom Kopf. Selbst jetzt, in der tiefen Nacht, ist es verdammt heiß in der Wüste von Nevada. Der Schauspieler leert gierig eine Dose Cola, während im Hintergrund schon Techniker in T-Shirts über die »Mondoberfläche« huschen, um die nächste Szene vorzubereiten.

Buzz Aldrin auf dem Mond – ein Schnappschuss von Neil Armstrong oder eine Aufnahme aus dem Filmstudio?

Start der Apollo 11 und Triumphzug der Astronauten: Waren sie gar nicht an Bord?

So oder ähnlich muss man sich die Szene vorstellen, die im Sommer des Jahres 1969 in der Wüste von Nevada oder in geheimen Hollywood-Studios abgelaufen ist – zumindest, wenn man den Verschwörungstheoretikern Glauben schenkt, die seit fast 40 Jahren eine unglaubliche Behauptung verbreiten: Kein Mensch, so lautet die spektakuläre Anschuldigung, hat je den Mond betreten! Die Fernsehbilder, die in jenem heißen Sommer von 1969 weltweit Menschen in den Bann gezogen haben, waren nichts als das Ergebnis einer unglaublich aufwendigen Täuschungsaktion, heißt es dann weiter! Die amerikanische Weltraumbehörde NASA und/oder die amerikanische Regierung haben bewusst die ganze Welt an der Nase herumgeführt, um ihre technische Dominanz zu beweisen. Milliarden von Steuerdollars wurden in dieses Täuschungsmanöver investiert, Dutzende von unbemannten Raketen gestartet, Tausende von Menschen bestochen und nicht wenige »unzuverlässige« Mitwisser für immer aus dem Weg geräumt – davon sind die Verschwörungstheoretiker überzeugt.

Ein Szenario, das selbst aus einem Hollywood-Film stammen könnte. Die Frage ist nur: Warum hätten sich die USA auf dieses immens aufwendige Täuschungsmanöver einlassen sollen? Was hatten sie dabei zu gewinnen?
Die Antwort der Verschwörungsanhänger ist einfach: Alles.

Sputnik und das Space-Race

Die ausgehenden 60er-Jahre des letzten Jahrhunderts waren eine kritische Zeit für die Vereinigten Staaten: Die Jugendbewegung stellte den »American Way of Live« zunehmend in Frage, Rassenunruhen erschütterten das Land und der schon seit 1964 schwelende Vietnamkrieg drohte, zu

Schock mit Folgen: Sputnik hieß der erste Erdsatellit, den die Sowjetunion am 4. Oktober 1957 ins All beförderte. Europa und vor allem die USA reagierten zutiefst schockiert, waren sie doch davon ausgegangen, sie seien die technologisch fortschrittlichste Nation der Erde. In der Folge wurde nicht nur das westliche Raketenprogramm beschleunigt, sondern auch das US-Bildungssystem reformiert, um mit mehr gut ausgebildeten Staatsbürgern gegen den Osten punkten zu können.

dem Fiasko zu werden, mit dem er neun Jahre später auch tatsächlich endete.
Mehr noch: Im Wettlauf zu den Sternen hatten die USA den Anschluss an die verfeindete Sowjetunion verloren: Noch immer saß der sogenannte »Sputnik-Schock« tief, seit die Russen im Jahre 1957 zum ersten Mal einen künstlichen Satelliten in die Erdumlaufbahn geschossen hatten.
Weit mehr als nur ein Prestigeverlust: Wer einen Satelliten in den Orbit schicken konnte, der konnte dasselbe auch mit Atomwaffen tun. Die »gefühlte Unangreifbarkeit« der USA war dahin. Als die Sowjetunion im Jahre 1961 mit dem Kosmonauten Juri Gagarin auch noch den ersten Menschen in eine Erdumlaufbahn brachte, war klar: So konnte es nicht weitergehen. Am 25. Mai 1961 hielt Präsident John F. Kennedy jene le-

Alles nur gestellt? Original-Filmmaterial von der Mondlandung (ganz links) – und die vom Galileo-Mystery-*Team in der Wüste »nachgedrehte« Mondlandung …*

gendäre Rede, in der er ankündigte, binnen Zehnjahresfrist einen Amerikaner auf den Mond zu schicken – und unversehrt wieder zurückzuholen.

Das »Space-Race«, der Wettlauf in den Weltraum hatte begonnen. Und ein Triumph, so hoffte die Regierung, würde das Prestige der USA wieder herstellen, alle Kritik und Frustrationen vergessen machen.

Es gab nur ein Problem – meinen jedenfalls die Verschwörungstheoretiker. Die USA verfügten nicht einmal annäherungsweise über das Potenzial, eine Reise zum Mond zu starten: Die zur Verfügung stehende Raketentechnik reichte allenfalls, um Atomsprengköpfe von einem Punkt der Erde zum anderen zu schießen, aber nicht, um Menschen bis zum Mond zu befördern. Und die Computertechnik – notwendig, um die immens aufwendigen Kursberechnungen durchzuführen – steckte noch in den Kinderschuhen. Sehr schnell wurde den Verantwortlichen des neu gegründeten Apollo-Programms die Undurchführbarkeit der ehrgeizigen Pläne bewusst. Aber für einen Rückzieher war es zu spät, die USA hätten sich zum Gespött der gesamten Welt, besonders der verhassten Sowjetunion, gemacht.

Und so gab es nur einen Ausweg: eine gewaltige Lüge. Milliarden von Dollar wurden in sinnlose

Kein Ablenkungsmanöver für Vietnam. »Ich glaube, dass sich die Vereinigten Staaten das Ziel stellen sollten, noch vor Ende dieses Jahrzehnts einen Menschen auf dem Mond zu landen und ihn wieder sicher zur Erde zurückzubringen«, so verkündete es Präsident John F. Kennedy in seiner berühmten Rede vor dem amerikanischen Kongress bereits 1961. Der Vietnamkrieg begann für die USA aber erst 1964. Als Ablenkung vom Vietnam-Desaster konnte die »Mondverschwörung« also gar nicht geplant sein ...

Selbstversuch im Galileo-Mystery-Labor: Mit den klobigen Handschuhen ist es unmöglich, die Hasselblad-Kamera zu bedienen …

Probestarts diverser (unbemannter) Raketenstarts gesteckt, und die wahren Vorbereitungen der Mondlandung fanden nicht in Konstruktionshallen und den Kontrollstellen der NASA statt, sondern an geheimen Filmsets. Mit Hollywood verfügten die USA über eine ganze Industrie zur Herstellung künstlicher Wirklichkeiten – was lag also näher, als dieses Potenzial anzuzapfen, um ein weltweites Publikum zu täuschen?

Beweise, bitte!

Eine kühne Behauptung – doch erweist sie sich auch als stichhaltig?
Für die Anhänger der Verschwörungstheorie ist das keine Frage. Denn ausgerechnet die angeblichen Beweise, die von Armstrong und Aldrin von ihrem Mondflug mitgebracht wurden, sprechen ihrer Meinung nach gegen die Echtheit der Mondmission. Betrachtet man zum Beispiel die angeblich auf dem Mond geschossenen Fotos, so möchte man fast glauben, dass tatsächlich einiges nicht mit rechten Dingen zugegangen ist:
Wie sollte es den beiden Astronauten in ihren klobigen Raumanzügen überhaupt möglich gewesen sein, so gestochen scharfe Fotos zu schießen? Ein kleines Experiment, das jeder Leser zu Hause selbst durchführen kann, scheint die Unmöglichkeit dieser Fotos zu belegen: Ziehen Sie sich die dicksten Ski-Handschuhe an, die Sie finden können (die Raum-Handschuhe der Astronauten sind noch viel klobiger), und versuchen Sie damit, eine gewöhnliche Kamera älterer Bauart zu bedienen. Selbst das Drücken des Auslösers dürfte Ihnen schwerfallen, erst recht das Einstellen der Schärfe und der Belichtungszeit durch das Verstellen der Einstellungsringe! Und trotzdem haben Armstrong und Aldrin perfekte Fotos machen können, die aussehen, als hätte sie ein professioneller Fotograf erstellt?
Ein Ding der Unmöglichkeit … oder schlichtweg eine Frage der Einstellung. Die Astronauten verwendeten für ihre Fotosafaris speziell angefertigte Kameras der Marke Hasselblad, ausgestattet mit

… es sei denn, die Kamera ist eine Spezialanfertigung, die im Raumanzug eingehakt werden kann

einem besonderen Mechanismus. Eine Vorrichtung am Objektiv erlaubte nur vier grobe Schärfen-Einstellungen: nah, weit, fern und unendlich. Zudem hatte man die Hasselblad mit einem extragroßen Auslöseknopf aufgerüstet und mit einer speziellen Vorrichtung in Brusthöhe an dem Raumanzug befestigt. »Buzz« Aldrin erinnert sich noch heute, wie leicht das Fotografieren mit diesen Kameras damals war: »Du hast dich einfach dorthin gedreht, wo du fotografieren wolltest – du musstest gar nicht groß durch den Sucher gucken …«

Aber Moment – selbst wenn das Fotografieren an sich kein Problem war … warum sind dann auf den Fotos der Astronauten nie irgendwelche Sterne zu sehen? Verschwörungstheoretiker sind sich sicher: Jeder Astronom hätte an der Stellung »gefälschter« Sterne in einem Studio oder der echten Sterne am Wüstenhimmel von Nevada sofort erkannt, dass das entsprechende Foto nicht auf dem Mond entstanden ist. Also hat man schlicht auf die Ergänzung falscher Sterne verzichtet. In der etwas blauäugigen Hoffnung, dass es vielleicht niemandem auffällt?

So war es wohl nicht. Jeder Hobby-Fotograf könnte diesen »Beweis« der Verschwörungsanhänger leicht entkräften. Die Mondoberfläche

Rätsel für das Galileo-Mystery-Team: Wo sind die Sterne?

Scheinbar verräterische Schatten – aber auch eine einzige Lichtquelle kann versetzte Schatten werfen

wird während des Mondtages vom grellen Sonnenlicht angestrahlt. Genau auf diese zum Teil extremen Helligkeitsverhältnisse waren die Kameras von Armstrong und Aldrin eingestellt. Die im Vergleich zum Sonnenlicht schwach funkelnden Sterne wurden schlicht »überblendet« und damit auf dem Filmmaterial nicht sichtbar. Dasselbe Phänomen kann man übrigens auch auf zeitgenössischen Fotos von der Internationalen Raumstation ISS oder Erdsatelliten beobachten: Die angestrahlten Flächen scheinen hell auf, auf dem schwarzen Hintergrund des Alls sind keine Sterne mehr zu erkennen.

Schattenspiele

Licht und Schatten spielen auch bei zwei weiteren Beweisen der Verschwörungstheoretiker eine wichtige Rolle. Eine Analyse der angeblich auf dem Mond gemachten Fotos bringt Erstaunliches an den Tag: Einige der auf dem Mond fotografierte Objekte werfen Schatten, die nicht parallel zueinander verlaufen. Jedes Kind lernt aber im Physikunterricht, dass die Schatten mehrerer Objekte, die von nur einer Lichtquelle angestrahlt werden, *immer* parallel zueinander verlaufen! Gab es also, als diese Fotos geschossen wurden, mehr als nur eine Lichtquelle? Wurden die Objekte neben der Sonne auch von Studio-Scheinwerfern angestrahlt?

Ein ernstes Argument – das aber wieder von einer einfachen Erklärung entkräftet werden kann. Schatten sind ein sehr unzuverlässiger Ratgeber, wenn es darum geht, auf eine Lichtquelle zu schließen. Abhängig von der Form eines Objektes, neigen sie dazu, gelegentlich zusammen- und gelegentlich auseinanderzulaufen, auch wenn es nur eine Lichtquelle gibt.
Ein unebener Boden wie etwa die Mondoberfläche verzerrt die Schatten, die von einer einzelnen Lichtquelle geworfen werden: Der Richtungsverlauf eines Schattens hängt so davon ab, ob der Boden eine Vertiefung oder eine Erhebung aufweist.

Die Flagge flattert scheinbar im Wind …

Abgesehen von diesem optischen Phänomen würde schon der Besuch in einem Fußballstadion die Verschwörungsanhänger eines Besseren belehren: Wird ein Objekt nämlich von *mehreren Lichtquellen* angestrahlt, dann wirft es logischerweise auch *mehrere Schatten* gleichzeitig – so wie ein Fußballspieler, der während eines abendlichen Turniers von mehreren Flutlichtstrahlern beleuchtet wird.

Die von Verschwörungstheoretikern oft genannte »Schattenproblematik« erweist sich also bei genaurem Hinsehen eher als Schattenfechterei.

Flagge zeigen

Stutziger macht da schon das »Flaggschiff« unter den Argumenten der Verschwörungsanhänger. Ausgerechnet die auf dem Mond eingepflanzte Flagge der Vereinigten Staaten bringt selbst abgebrühte Skeptiker ins Grübeln. Filmaufnahmen vom Einpflanzen der Flagge auf dem Mond zeigen nämlich eindeutig, dass der Stoff des Sternenbanners erkennbar im Wind flattert! Und dabei herrscht auf dem Mond bekanntlich ein Vakuum.

Keine Luft – kein Wind – kein Flattern!

Ein schlagender Beweis für eine Inszenierung der Mondlandung hier auf der Erde? Doch eine genauere Betrachtung der Tatsachen klärt auf, dass letztlich gerade das Fehlen einer Atmosphäre für das scheinbare Flattern des Stoffes verantwortlich ist: Eine im Vakuum schlaff herunterhängende Flagge ist natürlich denkbar unfotogen, deshalb wurde der Stoff des Sternenbanners von einer

Der Beweis: Im McDonald-Observatorium wird das Laser-Signal zum Mond geschickt und auf die Erde zurückreflektiert

waagerechten Querstange aus Aluminium gehalten. Um diese Flaggenkonstruktion in den etwas störrischen Mondboden zu rammen, mussten die Astronauten den Flaggenmast energisch in den Boden drehen. Eben diese Bewegung ist es aber, die den Flaggenstoff in Schwingungen versetzt. Bei uns auf der Erde würde die allgegenwärtige Luftreibung diese Schwingung sehr schnell zum Stillstand bringen – im Vakuum des Mondes dauert sie dagegen viel länger an. Eine Wellenbewegung des Fahnenstoffes, den wir aufgrund unserer Alltagserfahrung (fälschlich) als »Wehen« interpretieren.

Und was spricht dafür?

Mit den »Beweisen« für einen gigantischen Mondschwindel und den entsprechenden Widerlegungen ließe sich problemlos ein eigenes Buch füllen.

Doch wie steht es um die konkreten Beweise für die Landung auf dem Mond? Landekrater und diverse auf dem Mond zurückgelassene Fahrzeuge sind selbst für die modernsten optischen

Der Journalist James Oberg wurde von der NASA tatsächlich beauftragt, ein solches Buch zu verfassen, um den Spekulationen um die »Mondlüge« ein für alle Mal ein Ende zu setzen. Das Projekt wurde jedoch eingestellt, man kritisierte es öffentlich als Verschwendung von Steuergeldern. Nicht unbedingt ein Kompliment für die Anhänger der Verschwörungstheorie.

Beweisfotos erwünscht: Das Internet-Unternehmen Google setzte im Jahr 2007 den sogenannten Google Lunar X-Prize für den ersten nicht-staatlichen Raketenbauer aus, der es bis zum Jahr 2012 schafft, eine Roboter-Sonde auf den Mond zu schießen, die unter anderem Fotos von einer Mondlandungsstelle übermittelt.

Teleskope zu klein, um von der Erde ausgemacht zu werden. Neue, auf der Erde stationierte Superteleskope, wie das europäische *Very Large Telescope* werden das möglicherweise in absehbarer Zeit ändern.

Auch das Schweigen der damaligen Sowjetunion zum Thema »Mondschwindel« spricht Bände. Die Sowjets, zu ihrer Zeit selbst Großmeister in Sachen Bildmanipulation, hätten sich bestimmt die Gelegenheit nicht entgehen lassen, den Erzfeind USA des Schwindels zu überführen und vor aller Welt bloßzustellen – wenn sie nur einen Hauch des Beweises für eine Mondverschwörung gehabt hätten …

Dabei bedarf es gar keiner indirekten Beweise für die Anwesenheit von amerikanischen Astronauten auf dem Mond. Zwar diente die Mondlandung von Armstrong und Aldrin in erster Linie tatsächlich dem Prestige der USA – doch es sind auch einige wissenschaftliche Experimente durchgeführt worden. Dazu gehört das Aufstellen eines Winkel-Spiegels, der von der Erde ausgesandte Laserstrahlen an ihre Quelle zurückreflektiert. Insgesamt vier dieser Spiegel haben die amerikanischen Astronauten auf der Mondoberfläche postiert. Aus der Zeit, die das Licht für diesen Weg braucht, lässt sich der Abstand Erde-Mond präzise messen. Im McDonald-Observatorium, hoch in den Bergen von Texas, wird dieses Signal noch bis heute abgestrahlt und aufgefangen, 240-Mal im Jahr.

Ein kleines, bescheidenes Funkfeuer der Wahrheit, fast unbemerkt von der Öffentlichkeit und von allen grandiosen Verschwörungstheorien.

Jeff Wyant, der Chefingenieur des Observatoriums, wundert sich bis heute, warum kein Anhänger der Verschwörungstheorie von der gefälschten Mondlandung jemals bei ihm vorbeigeschaut hat. »Dabei hätten sie nur zu fragen brauchen.« Manchmal ist es wirklich so einfach.

Eine Verschwörung »von oben«?

Die Legende vom »Mondschwindel« ist – trotz aller Gegenbeweise – eine der hartnäckigsten modernen Verschwörungstheorien, aber bei Weitem nicht die einzige. Verschwörungslegenden sind so alt wie die Menschheit, doch während sie sich in früheren Zeiten meist – mit schrecklichen Folgen – gegen einzelne Gesellschaftsgruppen wendeten, erleben wir in den letzten Jahrzehnten ein Aufblühen von Verschwörungstheorien, die sich besonders gegen »die da oben« richten: gegen Regierungen (oft die eigene), gegen angeblich machtvolle Randgruppen, gegen die verborgenen Machenschaften geheimer Organisationen. Das hartnäckige Gerücht, US-Präsident John F. Kennedy sei im November 1963 durch CIA-Agenten oder Mafiosi ermordet worden, war vor fast einem halben Jahrhundert gewissermaßen der Startschuss für eine ganze Lawine von Verschwörungstheorien, die sich gegen im Dunkeln operierende Regierungsmächte wenden. Der »Mondschwindel« folgte – und auch der neuste »Trend« in Sachen Weltverschwörung, seit einigen Jahren besonders im Internet immens populär, beginnt mit einem Blick in den Himmel.

Chemtrails – Spuren am Himmel

Ein sonniger Morgen, die Sonne strahlt, es könnte ein perfekter, klarer Tag sein – wären da nicht diese seltsam geformten milchig weißen Streifen, die das Blau des Himmels durchkreuzen. Kondensstreifen eines Flugzeugs. Für manche sind diese Spuren des Flugverkehrs ein ästhetisches Ärgernis, doch die meisten Menschen registrieren die alltäglichen Kondensstreifen gar nicht mehr … und genau auf diesen Gewöhnungseffekt setzten die wahren Verursacher der Kondensstreifen am Himmel. Denn was dort oben als harmloser Abgasstrahl eines hoch fliegenden Passagierflugzeugs erscheint, ist – glaubt man den entsprechenden Verschwörungstheoretikern – in Wirklichkeit eine überaus wirksame Chemikalie. Ein »Chemtrail«

Chemtrail ist ein Kunstwort und bedeutet so viel wie »chemische Spur«.

Anhänger der Chemtrail-Theorie behaupten voller Überzeugung, seit etwa zehn Jahren hätten sich Form und Ausdehnung dieser Kondensstreifen verändert – sie würden unnatürlich in die Breite gehen, länger am Himmel zu sehen sein und sich oft zu einer milchigen Wolkenschicht ausdehnen. Eigenschaften, die Kondensstreifen erst seit Ende der 90er-Jahre des letzten Jahrhunderts angenommen hätten. Seit dem Startschuss des internationalen Chemtrail-Projektes ...

Doch woraus besteht diese verräterische Spur am Himmel, wer produziert sie und warum? Die Antworten auf diese Fragen sind so vielfältig, wie die Kondensspuren selbst. Die noch harmlosesten Verschwörungstheorien sprechen von einer Mischung aus Aluminium- und Bariumpartikeln, die von den USA oder den Vereinten Nationen – als Flugzeugabgase getarnt – in die Atmosphäre ausgestoßen werden. Das Ziel dieser geheim gehaltenen Aktion: Die fortschreitende Klimaerwärmung unseres Planeten soll auf diese Weise abgebremst werden. Natürlich steckt nicht die Sorge um die Erdbewohner hinter dieser Aktion. Denn für die Industrienationen – so die Theorie der Verschwörungsanhänger – ist es viel einfacher und billiger, die Atmosphäre chemisch abzukühlen, als Milliarden von Dollar in den Klimaschutz zu stecken und Abgase zu reduzieren.

Andere Mutmaßungen gehen noch viel weiter. Schenkt man ihnen Glauben, dann bestehen die Chemtrails aus einem Chemikalienmix, der langsam zur Erde herabsinkt, die Geburtenrate »unerwünschter« Personengruppen senkt und am Ende die Vorherrschaft einer neuen Elite sichert. Die Chemtrails, so die Verschwörungsanhänger weiter, sind ein Mittel zur versteckten biologischen Kriegsführung, der erste Schritt zur Errichtung der »NWO«, der »Neuen Weltordnung«. Und dahinter stecken die üblichen Verdächtigen: die jüdische Weltverschwörung, Freimaurer, Illuminaten oder sogar eine unheilige Allianz aus US-Regierung und außerirdischen Echsenwesen.

Bei den Cirrus-Wolken handelt es sich um Federwolken, deren einzelne Fasern oder Büschel aus Eispartikeln bestehen. Von allen Wolkengattungen gehören sie zu denen, die am höchsten am Himmel schweben.

Alles heiße Luft?

Zurück zu den Tatsachen: Woraus besteht so ein Kondensstreifen denn nun wirklich? Und wie kann es sein, dass der schmale, klar umrissene Abgasstrahl eines Flugzeuges sich im Laufe mehrerer Stunden zu einer milchigen Wolkenschicht ausdehnt? Ist das nicht doch verdächtig?
Das Deutsche Wetteramt oder Experten wie der Fernseh-Wetterfrosch Jörg Kachelmann werden mittlerweile regelmäßig mit den Anfragen besorgter Bürger bombardiert. Doch um die seltsam ausgedehnten Kondensstreifen zu erklären, braucht man keine Verschwörungstheorien – es genügt, die Physik zurate zu ziehen.

Ein Kondensstreifen entsteht durch Wasserdampfemissionen aus Flugzeugtriebwerken. In der sehr kalten Atmosphäre größerer Flughöhen kondensiert der Wasserdampfstrahl zu einer gut sichtbaren Wolkenspur. Je nach Wetterlage können nun zwei Dinge passieren: Ist die Luft an dem entsprechenden Tag trocken, löst sich der Kondensstreifen sehr rasch wieder auf. Ist die Atmosphäre aber mit Feuchtigkeit gesättigt, kann sich der Wasserdampf nicht so schnell auflösen. Die Wasserdampf-Spur dehnt sich aus und wird von den Luftströmungen in der großen Höhe immer weiter zerfasert. Abgaspartikel, die in dem Düsenstrahl des Flugzeuges enthalten waren, können nun als sogenannte Kristallisationskeime wirken, die wiederum Wasserdampf aus der feuchten Atmosphäre binden. In der großen Höhe entsteht eine weit ausgedehnte, etwas milchige Wolke – die Meteorologen sprechen von einer »Cirrus-Wolke« – , die sich nicht mehr von einer »natürlich« entstandenen Cirrus unterscheidet.

Niemand hat je nachweisen können, dass eine durch Flugzeuge erzeugte Cirrus-Wolke irgendwelche Spuren von Chemikalien oder Aluminium-Verbindungen enthält – was clevere Geschäftsleute nicht davon abhält, über das Internet teure Gerätschaften zu verkaufen, die vor der angeblichen Verseuchung durch Chemtrails schützen sollen. Die Anhänger der Chemtrail-Theorie sind davon naturgemäß wenig beeindruckt, denn eines ist ihnen sonnenklar: Die staatlichen Stellen würden niemals zugeben, von der »Zerstörung des Himmels« zu wissen. Alle offiziellen Untersuchungsergebnisse sind in ihren Augen natürlich manipuliert und gefälscht. Zudem steckten Regierungen, staatliche und private Wetterämter unter einer Decke. Doch dass für eine solche großflächige Betrugsaktion weltweit Tausende von Menschen eingeweiht werden, die seit über zehn Jahren über ihre geheimen Machenschaften beharrlich schweigen, scheint doch eher unwahrscheinlich. Und selbst wenn eine geheime Regierungsorganisation versuchen sollte, das Klima durch künstliche Wolkenbildung abzukühlen – sie würde ziemlich schlechte Arbeit leisten: Die durchschnittliche Jahrestemperatur nimmt derzeit kontinuierlich zu – was nicht grade für den Einsatz von Chemtrails am Himmel spricht. Eher handelt es sich um das Gegenteil: Unbestritten ist, dass Flugzeugabgase zur Belastung der Atmosphäre beitragen. Jährlich werden durch Flugzeuge weltweit etwa 300 Millionen Tonnen des Treibhausgases Kohlenstoffdioxid ausgestoßen. Die Abgase aus Flugzeugen dürften also eher zur Erwärmung des Klimas beitragen als umgekehrt.

Die Auswirkungen von Flugzeugemissionen auf das weltweite Klima sind umstritten.

Etwa seit Mitte der 1980er-Jahre prüfen Meteorologen die Theorie der sogenannten »globalen Verdunkelung«. Danach kommt es durch den weltweit zunehmenden Flugverkehr zur Entstehung von immer mehr Cirrus-Wolken (siehe Info-Box), die einen Teil des auf die Erde treffenden Sonnenlichtes wieder zurück in den Weltraum reflektieren. So soll sich die Sonneneinstrahlung auf die Erdoberfläche seit den 60er-Jahren des letzten Jahrhunderts um bis zu 4 Prozent verringert haben, was eine Abkühlung des Erdklimas zur Folge haben müsste. Die komplizierten Wechselwirkungen zwischen dem Abgasausstoß von Treibhausgasen und dadurch vermehrter Wolkenbildung sind jedoch bisher noch nicht hinreichend erforscht.

Bildnachweis

S. 5: »Artus im Kampf« © Uwe Tölle, S. 24: »Son of God«© BBC Motion Gallery, S. 41: »Robin Hood and His Merry Men in Sherwood Forest« von Edmund George Warren © Corbis, S. 63: »USS Savannah« © Corbis, S. 77: »Artifacts From Pirate Ship Wreck« © Corbis, S. 87: »Jack mit Messer« © Frank Zauritz, S. 103: »Apollo 12 Astronauts on the Moon« © Corbis, S. 104: »Buzz Aldrin Walking on the Moon« © Corbis, S. 105: »Before Launch of Apollo 16« © Corbis, S.1 06: »Astronaut Buzz Aldrin Walking on the Moon« © Corbis, S. 109: »Earth Rising Above the Moon« © Corbis, S. 111: »Astronaut Standing on the Moon« © Corbis, S. 112: »McDonald Observatory Laser Ranging to the Moon« © Corbis
Alle übrigen Abbildungen mit freundlicher Genehmigung von ProSieben www.prosieben.de

Weitere faszinierende Wissenschaftsrätsel für die Spurensucher von heute

Können Hellseher Verbrechen aufklären oder sind sie nur geschickte Psychologen, die mit Intuition, Einfühlungsvermögen und Intelligenz zu bemerkenswerten Ergebnissen kommen? Was hat es mit dem Roman von Morgan Robertson auf sich, der den Untergang eines riesigen Passagierschiffes namens Titan beschrieben hat – 14 Jahre vor dem Untergang der Titanic und mit verblüffenden Übereinstimmungen? Wie glaubhaft sind Nahtoderfahrungen? Mit unkonventionellen Methoden und Experimenten spürt das Galileo-Mystery-Team um Aiman Abdallah übersinnlichen Phänomenen nach – und verblüfft mit spannenden und neuen Erkenntnissen.

132 Seiten_broschiert_€ 14,95 (D)_sFr 27,90_€ 15,40 (A)_ISBN 978-3-8218-7302-2

Eichborn TV ★

www.eichborn-tv.de